JN411119

산이 품은 솔향기

산이 품은 솔향기

초판·펴낸날 | 2014년 11월 10일

지 은 이 | 송석
펴 낸 이 | 윤송석
편 집 | 차영미

펴 낸 곳 | 서정문학
주 소 | 서울시 성동구 천호대로 366(미라보타워 911호)
전 화 | 02-720-3266 FAX | 0505-115-3266
홈페이지 | http://cafe.daum.net/seojungmunhak.com
이 메 일 | sjmh11@hanmail.net
등 록 | 2007. 12. 18 제2012-000061호

ISBN 978-89-94807-37-9 03810
정가 10,000원

서정대표시선 · 27

산이 품은 솔향기

송석 시세이집 하나

서정문학

| 시인의 말 |

저는 지금 천 길의 벼랑 끝에 섰습니다.
책 한 권을 들고 저 벼랑 아래로 뛰어내릴 생각입니다.
이 한 권의 책!
『산이 품은 솔향기』라는 이 한 권의 책이 저에게 날개가 되어 이 기암절벽의 아름다움을 맘껏 즐기고 느낄 수 있게 만들어 주리라는 확신이 있기에 두려움 없이 뛰어내릴 것입니다.
제가 꿈꿔왔던 것이기에 비록 돌덩이가 되어 추락한다 해도 후회하지는 않겠습니다.
최선을 다했습니다.
제가 가지고 있는 능력으로 소홀함 없이 최선을 다했습니다.
이 천 길의 벼랑 끝에 서기까지 도와주신 여러분에게 감사를 전합니다.
특히 시인의 길을 열어주신 글향 최주식 고문님, 바우 이훈식 발행인님, 출판을 위해 편집에 힘써주신 도서출판 서정문학 차영미 편집장님, 송화 주해숙 주간님을 비롯하여 여러 문우님들과 부족한 제 글에 아낌없이 응원의 글로 화답해 주신 인연을 맺고 있는 친구들에게 감사의 말을 전합니다.
마지막으로 저에게 시인의 문 키를 건네주신 지산 정흔교 선생님 내외분에게도 감사의 마음을 전합니다.

활화산처럼 살아있는 송석 詩의 서정적 상상력

최주식(시인, 국제펜클럽한국본부)

1, 시는 고백의 문학이다

보통 사람, 시를 생활의 일부로 체득하며 좋아하는 시를 쓰는 사람, 그 얼굴에는 심각한 일, 우울한 일은 하나도 없다는 듯 환한 미소가 가득하다. 그 사람의 미소는 언제나 한 송이 꽃처럼 아름답다. 그 사람은 지금 햇살이 나뭇잎에 부서져 내리는 그늘에서 귀염둥이 아이들과 함께 동화책을 보며 웃고 있는지도 모른다. 나는 미소 가득한 그 〈사람〉을 〈시인〉이라 불렀다. 그리고 다시 〈시인〉을 〈송석(宋晳)〉으로 바꾸어 불렀다. 그러자 〈송석 시인〉은 진솔한 힐링 포엠(Healing Poem)의 서정시로 자신을 보여주었다. 송석 시인의 시를 감상하는 데는 그리 시간이 오래 걸리지 않았다. 순수하고 정감이 향기로워서 어쩌면 시평이 없어도 되겠다는 생각도 들었다. 인위적으로 꾸민 시가 아니라 체험의 결과이기 때문이었다.

송석 시인의 미소는 열려있음을 의미한다. 열려있음은 개방적, 발전적인 성격으로 미래지향성을 내포하고 있다. 그래서 송석 시인의 시는 열려있는 서정시임이 분명하며, 마음에서 우러나

오는 진심이 배어 있다. 물론 시상(詩想)을 펼치는 과정과 마무리에 언어 감각과 예술적 조형 능력을 배양해야 할 부분이 보이기는 하지만 시가 지닌 현실감은 생생이 살아 있다. 나는 시집 원고를 받아들고 얼마나 설레었는지 모른다. 긴 밤 그리움을 안고 달려간 새벽 바닷가에서 애인을 만난 듯 기뻤다. 꿀벌이 꽃과 나무, 들풀, 바위에 달라붙어 천지만물의 영양소를 모으듯 일상생활에서 느낀 시심을 모아 작품을 엮어내었다. 벽에게 길을 묻다, 갯벌, 고드름, 곶감, 꽃길, 달개비꽃, 실바람꽃, 모닥불, 아버지의 노래, 할머니, 호수, 숲을 비롯한 여러 작품은 화려하고 격정적이지는 않지만 시에 대한 열망이 부글부글 끓어 넘치는 아름답고 따뜻한 삶의 노래였다.

씨앗은 요술쟁이
그 작은 알갱이 속에
새싹도 숨겨 놓고
뿌리도 숨겨 놓고
예쁜 꽃도 숨겨 놓았네

씨앗은 요술쟁이
그 작은 알갱이 속에
수박도 숨겨 놓고
참외도 숨겨 놓고
달콤한 딸기도 숨겨 놓았네

씨앗은 요술쟁이

그 작은 알갱이 속에
아빠 꿈도 숨겨 놓고
엄마 꿈도 숨겨 놓고
내 부푼 꿈도 숨겨 놓았네
씨앗은 정말로 요술쟁이야~

– 〈씨앗은 요술쟁이〉 전문

나는 조심스럽게 송석 시인의 내면을 응시하면서 마음의 소리를 듣는다. 생명과 사랑이라는 별을 품고 희망이란 꽃을 가꾸려는 시인의 심성이 잘 드러나 있다. 시의 씨앗이라 할 발상의 기발함과 참신함도 적절히 함유되어 있다. 어쩌면 부끄러움을 잘 타는 송석 시인이 이 한 편의 시를 통해 자기 마음을 전하는 것인지도 모른다. 따뜻한 시어와 상상력 그리고 활력이 넘치는 그의 시는 고운 것 같으면서도 당차고 정직하다. 씨앗이 하나의 감정이 되고, 감정이 하나의 씨앗이 되는 특별한 순간을 잘 포착하였다. "씨앗은 요술쟁이/ 그 작은 알갱이 속에/ 아빠 꿈도 숨겨 놓고/ 엄마 꿈도 숨겨 놓고/ 내 부푼 꿈도 숨겨 놓았네"라고 쓴 이 시구는 밝고 편안하다. 낱말과 선율이 아름다워서가 아니라 희망을 말하면서 그 희망을 자신의 언어 체험으로 들어 올리고 있기 때문이다. 생텍쥐페리는 "한 그루의 떡갈나무를 심으면서 즉시 떡갈나무 그늘에서 쉬려는 희망을 품어서는 안 된다. 생명은 생명을 싹트게 하고 사랑은 또 다른 사랑의 싹을 맺는다."라고 하였다. 우리 사회의 사람이라는 씨앗 속에, 가족이라는 씨앗 속에, 모든 것들의 씨앗 속에 사랑과 희망이 가득했으면 좋겠다.

같은 추억
서로 다른 보따리에 담아
민들레 홀씨처럼 흩어져 살아간다

한자리에 둘러앉아
보따리 속에 담겨진 지난날
소쿠리에 쏟아내면
추억은 반짝이는 보석이 된다

마음과 마음 반짝이는 보석
낡은 수레 위에 함께 싣고
추억이 벽화 그려진 옛길 따라 가니
덜컹덜컹 수레 위에서는 어깨춤이 절로 나고
들썩들썩 어깨춤에 웃음보 터져나면
발가벗고 멱 감던 개울가의
참방참방 물장구 소리도 들려온다

– 〈동창회〉 전문

사유의 섬세함과 능동성이 느껴지는 정다운 시다. 동창이라는 거울 속에 인간의 모습이 어떻게 비춰지는지 가만히 들여다보는 것도 참 재미있는 일이다. 시를 읽는 내내 기억속의 사람과 마주치고, 자꾸만 아련한 추억 속으로 빠져 들어간다. 하지만 지나치게 친근감이 드는 시상 전개는 독자는 얻을 수 있는 반면에 치열함이 약화되어 시를 놓칠 수도 있다. 학교가 파한 후 집에서 숙제를 함께하던 동창은 나의 옆면이자 뒷면이요, 같은 시대에 태어나 같은 학교를 다니고, 함께 먼 길을 떠나는 우정의 친구다. 그래서 부모에게 말할 수 없는 고민을 털어놓을 수 있다. 동창은 사라지는 것이 아니라 서로의 삶을 지켜보면서 강물처럼 유유히 흘러간다. 만났다 헤어지지만 언제나 아름다운 추억으로 남는 게 동창이다.

아랫목은 사랑이다
추운 겨울날
지친 몸 이끌고 들어오시는
아버지의 밥공기 따뜻하게 품고 있는
아랫목은 사랑이다

아랫목은 사랑이다
하얀 눈밭 뒹굴며 뛰놀던
아이들 언 몸 녹일 수 있게
제 몸뚱이 까맣게 타들어가도 참아내는
아랫목은 사랑이다

아랫목은 사랑이다
고단함으로 신발 속에서 숨죽였던
지저분한 발 옹기종기 모여
꼬락내 솔솔 풍겨도 찡그리지 않는
아랫목은 사랑이다

– 〈아랫목〉 전문

표현에서 약간의 작위성이 엿보이지만 시를 통한 자기 구원의 길을 찾아가는 송석 시인의 내면이 곳곳에 배어 있다. 밥 공기를 품은 아랫목, 언 몸을 녹이는 아랫목, 함께 옹기종기 모여 있는 아랫목, 서로의 몸짓이 교차하는 아랫목은 삶을 해결해가는 명상의 곳이며 시공을 뛰어 넘은 초월의 세계다. 이러한 아랫목이란 공간이야말로 송석 시인이 몸부림치며 살아온 진정한 삶의 모습이다. 요즘은 성능 좋은 난방 시설로 아랫목을 찾아보기가 드물다. 세상의 불빛은 날로 화려해지지만 온몸을 녹여줄 편안한 아랫목도, 아랫목 같은 사람도 드물다. 문명의 이기가 우리의 삶을 편리하게 해준다지만 꼭 마음까지 편안하게 해주는 것은 아니다. 누우면 삭막했던 마음이 따뜻해지던 아랫목이 그립다.

맑다
맑은 물로 목축이니
목 또한 맑다

맑다
맑은 풍경 눈에 담으니
눈 또한 맑다

맑다
맑은 공기 몸으로 품으니
몸 또한 맑다

맑다
맑은 터 뒹군 어린 시절로

영혼 또한 맑다

― 〈물 맑은 양평〉 전문

양평은 아름다운 고장이다. 푸른 강가와 황홀한 노을, 별이 쏟아지는 양평에서 늘 고향의 사치를 누리고 사는 송석 시인은 행복한 사람이다. 송석 시인이 이렇게 고향과 자연을 노래하는 것은 고향은 사람을 품어주는 영원의 땅이요, 안식처이기 때문일 것이다. 그래서 송석 시인은 고향에 대한 애틋함으로 늘 양평을 가슴속에 넣고 다닌다. 그는 수도 없이 고향에 대한 추억을 가슴속에 쌓아두었을 것이다. 따라서 이 시는 세상만사 모든 것이 떠내려 오는 남한강 북한강 깊은 강 속으로 침잠하여 건져 올린 시다. 맑은 물을 통해 송석 시인의 시적 시선은 새로운 세계로 더욱 확장되고, 자신이 태어나고 자란 양평에 대한 따뜻한 살결과 숨결을 느낄 수 있다. 맑다는 것은 옳고 바르고 참되게 사는 것이며, 꾸밈없는 생명의 곧은 표현이라 할 수 있다. 모든 것이 파편화되고 사분오열되어 가는 오늘날, 맑음이야말로 우리의 삶을 바르고 튼튼하게 잡아주는 큰 힘으로서 변함없이 아름답다. 맑음은 가장 귀하고 소중하며, 맑음 속에서만이 생명과 자유를 향한 사랑을 노래할 수 있다.

2. 삶의 넓이와 시의 깊이

널 닮고 싶다
무엇을 품었는지

숨김없이 보여줄 수 있는
너의 자신감을 닮고 싶다

널 닮고 싶다
맑고 투명한 놈이
쫄깃한 끈기까지 품고 있는
너의 인내심을 닮고 싶다

널 닮고 싶다
허기진 등산객 발걸음에
든든한 힘 담아주는
너의 맑은 기운을 닮고 싶다

– 〈감자떡〉 전문

그렇게 많은 것 중에 왜 감자떡이었을까? 시에 있어서 상상력은 그 자체가 시다. 먹거리는 종교보다 더 큰 힘을 가지고 언제나 우리 곁을 굳세게 지키고 있다. 송석 시인의 눈은 감자에 초점을 맞추지 않고 내면에 숨어있는 자신감에, 쫄깃한 끈기까지 품고 있는 인내심에, 든든한 힘이 되는 맑은 기운에 시선을 모은다. 그래서 감자떡은 누구나 닮고 싶은 하나의 인간으로 우리에게 다가온다. 송석 시인은 감자떡에 시심을 입혀 우리를 대접하니 풍성하고 배부르다. 이 시는 미움과 불신과 탐욕으로 얼룩진 사회에 대한 반란이 담긴 시다. 흔하다고 해서 소홀히 하는 현실에 대한 쓴 소리다. 사랑으로, 믿음으로, 정직하게 살고 싶다는 기분 좋은 반란, 유쾌한 반란이다. 소중한 목숨이 배고파서 허기를 이기지 못하던 시절에 감자를 썩혀 분말을 내고 하얀 앙금으로 쪄낸 감자떡이 우리의 배를 든든하게 해주었던 것처럼 우리 모두의 삶도 그러기를 바라는 염원이 담겨있는 것이다.

기차가 밟고 지나야
기찻길은 광이 나지요
기차가 밟고 지나야
기찻길엔 빛이 담겨요

기차를 기다리는 날이
오래되면 될 수록
그리움으로 흘린 눈물은
뻘건 녹이 되어 덮이잖아요

기다리던 기차
떠나보내고 난 뒤에야
기찻길은 비로소
밝게 미소 짓네요
〈이하 생략〉

– 〈기찻길〉 부분

"기다리던 기차/ 떠나보내고 난 뒤에야/ 기찻길은 비로소/ 밝게 미소 짓네요" 기찻길이 미소 짓다니! 시적 상상력은 불가능도 가능하게 한다. 이런 시적 매력이 없다면 시는 얼마나 싱겁겠는가? 기찻길의 특성을 삶의 고난과 연결시키는 솜씨가 새롭다. 쨍하니 금이 갈듯 팽팽한 투명음을 울리며 힘차게 떠나도 기차는 천근만근의 무게를 견디며 길을 열어주는 철길이 있어 가능하다. 필자도 "기차를 기다리는 날이/ 오래되면 될 수록/ 그리움으로 흘린 눈물은/ 빨건 녹이 되어"라는 비슷한 생각을 한 경험이 있어 훨씬 공감이 갔다. 많은 시인이 기찻길을 노래했지만 송석 시인은 자신만의 눈으로 이를 형상화했다. 사람도 인생 열차를 타고 달려가기 위해서는 꿈과 희망, 아픔과 눈물이란 인생 철로가 있어야 한다.

오늘이 힘겨운 것은
내일 찾아올 행복을
더 달콤하게 맛보이기 위한
하늘의 뜻입니다

그 뜻 읽지 못하고
원망의 눈길로
하늘을 보지 마세요

그 뜻 읽지 못하고
힘없는 다리로
걸음걸이 흩뜨리지 마세요

하늘의 뜻이기에

누구를 향하여
손가락질도 하지 마세요
오늘 힘겨운 이 길은
내일 찾아올 행복을
더 반갑게 맞이하기 위한
내가 걸어가야 할 너덜지대입니다

– 〈너덜지대〉 전문

문학의 궁극적 목표는 행복이다. 송석 시인은 시적 대상에 대한 표현에 있어 행복을 담아내고자 하는 노력을 많은 작품에서 하고 있다. 팍팍하고 삭막한 것을 지향하지 않는다. 가슴에서 우러나오는 간절함을 최선을 다해 표현한다. 시는 언제나 따뜻하고 그것이 시인으로서의 큰 장점이다. 문학이 결코 인간의 삶과 숨 쉬고 있는 세상과 분리된 존재가 아님을 부정할 사람은 없을 것이다. 이 시는 너덜지대에서 역경과 난관을 극복해야 사람살이의 보편적 진실을 보여준다. 따라서 사람은 자기가 마음먹은 만큼만 행복하다. 로버트 슐러는 "장애물을 피하지 말라, 문제를 해결해야 할 곳에는 항상 난관이 있게 마련이다. 따라서 그 어려운 점이 무엇인가 잘 검토하여 정면에서 승부하라"고 하였다. 너덜지대라는 평범한 진리가 평범함 이상의 시적 상상으로 깨우침을 준다.

3, 온몸으로 받아내는 「나의 시」

소식도 없이

불쑥 태어나는
아들과 딸

저 가슴 깊은 곳에서
뒹굴던 글자들이
줄지어 뛰쳐나오면
나는 정신없이 그 녀석들에게
순서를 정해주고 옷을 입힌다

준비도 없이 태어난 녀석들이
생명만 지녔을 뿐 허약한 몸으로
삶과 죽음 사이에서 비틀거릴 때
나의 사랑이 나의 관심이
건강한 모습으로 키워 간다

천 번을 쓰다듬고
천 번을 눈 맞추고
천 번을 끌어안으면
혼자서도 쓰러지지 않을 만큼
건강한 아들이 되고 딸이 된다

세상에 내놓아도
흔들리지 않을
든든한 생명을 품으면
나의 아들과 딸은
사람들 속을 걷는다

– 〈나의 시〉 전문

시란 무엇인가, 시를 왜 쓰는가에 대한 송석 시인의 질문이자 대답이 바로 〈나의 시〉라 할 수 있다. 시란 무엇인가라는 질문은 궁극의 질문이다. 더 이상 물러날 여지가 없고, 함부로 마침표를 찍을 수도 없어 온몸으로 받아내야만 하는 질문이다. 송석 시인은 시란 사람들 속을 걷는 것이라고 말한다. 그렇다. 시는 삶의 이야기다. 그래서 누구에게나 시심은 있다. 시골 농부에게도, 도시의 근로자에게도, 성직자에게도 시심은 있다. 다양한 직업의 사람이 끊임없이 일어나고 또 붕괴되는 시심을 가지고 자신의 일에 충실하며, 삶을 가꾸어 간다. 다만 시라는 이름에 값할 수 있도록 문자화하지 않았을 뿐이다. 인터넷 세상이 되면서 누구나 쉽게 글을 접할 수 있고 글을 쓸 수 있다. 그러나 홍시처럼 잘 익은 글을 만나기는 쉽지 않다. 시는 최선을 다했다는 확신이 들 때, 시속에 사람다운 삶의 길이 있다고 느낄 때 수확하여야 한다.

봇도랑 물 들이켠
배 불뚝 논엔
앞으로 나란히 입학식의 애기모들
삐뚤삐뚤 빼뚤빼뚤 줄 선 모습이 정겹다
(중략)

산도 담았고
하늘도 담았고
구름도 담고 있는
논은 학교다

온 세상을 품고 수 천 년을
벼 이삭 한 톨 한 톨에 삶의 기운 담아 주며
말없이 가르침 전하는
논은 학교다

– 〈논〉 부문

논에는 감사가 있다. 논에는 살아있는 자연의 소리와 생명이 있다. 오랫동안 땅과 함께 하늘과 비바람과 눈과 함께 살아온 사람의 마음은 밝다. 송석 시인은 논에서 우리가 소중히 여기는 것이 무엇인지를 여러 장면을 통해서 보여준다. 예전에는 논과 숲과 개울에서 개구리, 나비, 매미, 잠자리를 잡으며 노는 어린이가 많았다. 그래서 자연을 알게 되고 자연과 친해질 수 있었다. 그런데 요즘은 너나없이 텔레비젼, 컴퓨터 게임, 스마드폰 게임이 대부분이라 할 수 있다. 논에 가면 풀과 벌레에 이르기까지 생물에 대한 관심으로 자연과 친해진다. 문명생활에 매몰되어버린 도시인에게 본질적인 삶에 대한 강한 향수를 불러일으킨다.
끝으로 송석 시인의 동시와 수필도 여러 편 읽었다. 송석 시인이 추구하는 문학적 방식은 시와 마찬가지로 삶의 궤적과 하나로 맞닿아 있다. 지식으로서의 문학이 아닌 삶을 치열하게 살아내기 위한 문학을 하고 있다는 점이다. 친근한 언어 구사로 서정적 상상력을 폭넓게 확대한다면 매우 의미 있는 시인으로 독자에게 더욱 가까이 다가갈 수 있을 것이다. 다음 시집에는 또 다른 자신만의 문학적 분위기로 가을날의 바람소리, 물소리보다 더 깊은 작품을 만날 수 있기를 기대해 본다.

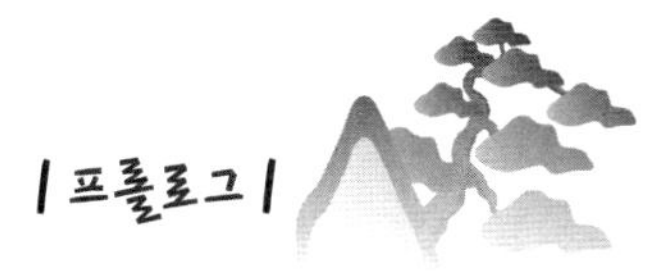

씨앗은 요술쟁이

씨앗은 요술쟁이
그 작은 알갱이 속에
새싹도 숨겨 놓고
뿌리도 숨겨 놓고
예쁜 꽃도 숨겨 놓았네

씨앗은 요술쟁이
그 작은 알갱이 속에
수박도 숨겨 놓고
참외도 숨겨 놓고
달콤한 딸기도 숨겨 놓았네

씨앗은 요술쟁이
그 작은 알갱이 속에
아빠 꿈도 숨겨 놓고
엄마 꿈도 숨겨 놓고
내 부푼 꿈도 숨겨 놓았네

씨앗은 정말로 요술쟁이야~

◑

◑

◑

마당에서 산이가 들어오며 아빠를 부른다.

“아빠! 아빠! 마당에서 이걸 주웠는데 이게 뭐예요?”

“씨앗이구나!”

“씨앗이요? 그럼 무슨 씨앗이에요?”

그러자 아빠는 산이의 작은 손안에 들려있는 씨앗을 들여다보다가 동그랗게 말라있는 씨앗 주머니를 손가락으로 잡더니 톡 부쉈다.

그랬더니 그 안에서 까만 씨앗 다섯 개가 산이의 조그만 손바닥 위로 떨어졌다.

아빠는 그 씨앗이 무슨 씨앗인지 알고 있다.

그런데 모른 척 시치미를 떼며 산이에게 말했다.

“아빠도 잘 모르겠는데 우리 씨앗에게 물어볼까?”

그러자 산이는 어이없다는 표정으로 말한다.

“에이~ 아빠는…. 씨앗이 말을 할 수 없는데 어떻게 물어봐요?”

“산이야, 씨앗이 지금은 잠들어 있어서 조용한데 잠에서 깨어나면 얼마나 조잘조잘 말이 많은지 너 모르지?”

“정말 씨앗이 말을 해요?”

아빠는 산이 손을 잡고 마당으로 데리고 나가 화단 한구석에 모종삽으로 흙을 떠올리더니 그 속에 산이가 들고 있던 씨앗을 넣고 흙을 덮으며 말한다.

"산이야, 이제 조금만 기다리면 이 씨앗이 잠에서 깨어나서 자신이 누구인지 우리에게 얘기해 줄 거야 그러니까 조금만 기다려 보기로 하자."

그 모습을 보고 있던 산이가 그제야 아빠의 말을 이해했다는 표정으로
"에이, 엉터리~ 알았어요. 아빠!"
산이는 매일매일 그 자리에 가서 싹이 트기를 기다렸다.
그렇게 며칠이 지나자 예쁜 초록색 떡잎이 돋았다.
그 광경을 보더니 산이는 신이 나서 아빠에게로 달려가
"아빠 싹이 났어요!"
산이는 아빠의 손을 이끌고 화단으로 나갔다.
그 광경을 보고 아빠가 산이에게 말한다.
"이제 씨앗이 잠에서 깨어났구나!"
"아빠 빨리 물어보세요. 이름이 뭐냐고!"
"곧 씨앗이 말을 시작할 거야. 그러니까 우리 조금만 더 기다려 보자."
"아직도 더 기다려야 되요? 에이 지루해~!"
"산이야, 어렵게 얻은 답은 절대 잊는 법이 없거든. 그러니까 조금만 더 기다려서 답을 찾아보기로 하자. 알았지?"
"네에~!"
싹을 틔운 씨앗은 하루가 다르게 무럭무럭 자라기 시작했다.

(아빠가 메어 놓은 새끼줄 따라 나팔꽃도 아름답게 피었습니다.)

싱그러운 아침 씨앗이 말했다.
나팔을 들고
"내 이름은 나팔꽃이야, 만나서 반가워!"

산이 품은 솔향기

산이 되려거든
바위산이 되지 마라
눈에 보이는 화려함이
그 곳을 터전 삼는 생명들에겐
고단한 삶이 될 터이니

나무를 품으려거든
소나무를 품고 솔향기로 채워라
매혹적이고 달콤한 향은 아니지만
가슴에 패인 상처 감싸주고
마음에 쌓인 먼지 닦아 줄 터이니

산이 되려거든
바위산이 되지 말고
나무를 품으려거든
겨울 산에서도 지치지 않는 소나무를 품거라
솔향기로 채워지리니

목차

제2부

제3부

제1부

천국에서 온 편지

슬퍼하지 말거라

새들의 종알종알 지저귐도
시냇물 졸졸졸 속삭임도
모두 알아들을 수 있는 이곳이구나!

꽃들은 향기로 말을 걸어오고
초록빛 숲 속의 나무와 풀잎은
바람과 어우러져 노래하며 춤추는 곳
봄 햇살과 같은 부드러움으로
모든 감각을 보듬어 안아주는 곳
어떠한 무게도 삶을 짓누르지 않는
아름다운 이곳이란다

안타까움은
나는 너희들을 볼 수 있으나
너희들은 나를 볼 수 없음에 있고
유일한 슬픔은
너희들이 스스로의 삶을 속이고
타인의 삶을 속이며

자신들의 삶을 속절없이 낭비하는 모습에 있단다
아름다운 이곳에서
부디 이 애비의 어깨에
슬픔의 무게가 지워지지 않게 하길 바란다

슬퍼하지 말거라

아버지의 노래

부정하여라
단, 그 부정에 대한 합리적인 답을 찾기 바란다
그러하면
너는 앞서가는 리더가 되어 있을 것이다

긍정하여라
단, 그 긍정에 대한 확신을 갖기 바란다
그러하면
너의 삶은 꽃 피우고 탐스러운 열매도 맺을 것이다

그러나
질투를 위한 부정이라면
너는 언제나 뒤처져 있을 것이고
귀찮음에 의한 긍정이라면
너의 삶은 점차 시들어갈 것이다

참 부정이 무엇인지 찾고
참 긍정이 무엇인지 찾아라
그 길 위에 너희가 있길 바란다

별빛

다가오고 싶은 마음은
밤이 되면 반짝이는 눈빛
내게로 보내온다

그 빛에 이 마음 흔들려도
그저 바라만 볼 뿐
손 내밀어 맞아주지 못하네!

반짝이는 눈동자
멀리 있어 아름답다는 것 알기에
손 내밀어 맞아주지 못하네!

아름다운 눈빛이여
초롱초롱 별빛이여
멀리서 저 멀리서 빛나다오!
그렇게 빛나다오!

벽에게 길을 묻다

벽에 부딪쳤다
제어를 할 수가 없었다
달려오던 힘은 날 떠밀고 갔다
벽이 있음을 알고도
멈춰 설 수 없이 부딪쳤다

벽은 무너지지 않았다
벽 앞에 쓰러진 것은 나였다
다시 일어나 뒤로 물러서서
벽을 향해 또 달렸다
역시 벽 앞에 쓰러진 것은 나였다

벽을 무너뜨릴 수 없다
벽은 나에게 길을 허락하지 않았다
난 벽을 넘기로 했다
담쟁이 넝쿨이 되기로 했다
벽을 넘기 위해 그 아래로 갔다

담쟁이 넝쿨 씨앗을 품고
벽 아래 흙속으로 들어갔다

나를 막아섰던 벽이
나를 인도하는 길이 되었다
나를 높은 곳에 닿게 하는 길이 되었다

벽에서 길을 찾았다
그 벽으로 인해 나는 높은 곳으로 간다
늦어도 상관없다
포기하지 않는다면 갈 수 있기에
늦어도 상관없다

달빛

별빛이
제아무리 아름다워도
달빛만큼 밝지 못하다

별빛이
제아무리 아름다워도
어두운 밤 길 밝혀주는 이는
달빛이다

달빛엔 아름다운 반짝임이 없다
은은하게 비춰 줄 뿐!
별빛처럼 아름답게 반짝이지 않아도
어두운 밤 길 걷기에 불편하지 않게
가까이서 은은하게 어둠을 걷어낸다

어둠으로 덮인 길 밝혀주는 이
달빛 너머에서 아름다움 뽐내는
별빛이 아니었다
내 곁에서 길 안내하는
아내의 자리에 서 있는

달빛이었다

멀리서 아름답게 반짝반짝 빛나는
별빛에 흔들리지 말지라!

그 하얀 손

눈처럼 하얀
눈처럼 깨끗한
그러나
눈처럼 차가울 것 같은 손

그녀의 하얀 손
잡아 보고 싶었지만
흙 묻은 내 손 부끄러워
등 뒤에 숨겨두고

그녀 곁에 서 보고 싶었지만
내 어깨에 쌓인 먼지
그 하얀 옷에 날릴까
다가서지 못하네

그녀와 얘기 나누고 싶었지만
유리창에 비친
흙투성이 내 모습에
고개 숙이고 돌아선다

오랜 기억 너머에 접혀있던
눈처럼 하얀 그녀가
내게 오는 발자국 소리에
심장의 울림은 땅을 흔드네

내 앞에 불쑥 내민
그 하얀 손
덥석 잡아 보고 싶은
그 하얀 손

그 손 한 번 바라보고
내 손 한 번 바라보며
주춤주춤 멀뚱멀뚱

그 하얀 손
흙 위에 문지르고
내게 다시 내밀며 말하네
"이제는 잡을 수 있겠니?"

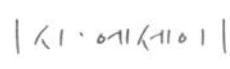

떨어지는 공

떨어지는 공이 있다
바닥을 믿으며 떨어진다
바닥에 닿으면 튀어오를 기대에
떨어짐조차 즐기고 있다

떨어지는 공이 있다
바닥에 닿았다
그런데 튀어오르지 않는다
아뿔사, 공기 빠진 쭈그러진 공이었다

떨어지는 공이 있다
바닥에 닿았다
그런데 철썩 바닥에 붙어 버렸다
아뿔사 진흙 바닥이었다

◑
◑
◑

여기 떨어지는 공이 있다.
바닥으로 떨어진 공은 어떻게 될까?
많은 사람들은 떨어져 바닥을 친 공은 다시 튀어 오른다고 한다.
이 말은 100% 맞는 말은 아니다.
조건이 맞을 경우에만 공이 튀어오를 수 있다는 것을 많은 사람들이 모르고 있는 것 같아 아쉽다.
우선 공에 공기가 충분히 차 있어야 한다.
그리고 바닥이 단단하게 다져져 있지 않으면 공은 다시 튀어 오를 수 없다.
공기 빠져 쭈그러든 공이 바닥에 떨어진들 다시 튀어 오를 수 있겠나, 공에 공기가 가득 차 있어도 바닥이 물이 흥건한 진흙 바닥이라면 그 공은 다시 튀어오를 수 없다.
절대로 튀어오르지 않는다.
그럼 어떻게 해야 다시 튀어오를 수 있게 할까?
물론 바닥에 떨어지지 않는 삶이 중요하겠지만 삶이란 것이 내 마음대로 뜻하는 방향으로만 흐를 수 없기에 언제든지 우리들의 삶은 바닥이라는 것을 깔아 놓고 살아간다.
우선 내 공에 공기가 빠지지 않게 언제나 탱탱한 상태를 유지해야 할 것이고, 내 주변의 바닥을 단단하게 다져 놓아야 할 것이다.
공은 나 자신이고 바닥은 내 삶의 무대로 볼 수 있다.
이런 조건을 갖추고 있다면 떨어진 공은 어김없이 다시 튀어 오른다.
그러하기에 지금 공기가 빠져 쭈그러든 나의 공에 나만의 방법으로 공기를 불어 넣고 있다.
내 삶의 무대인 주변의 바닥도 내 능력으로 힘 닿는 테두리 안에서 단단하게 다지고 있다.
다시 튀어 오를 수 있기 위해서…

◑

난 현재 내 자신의 모습이 정말 맘에 들지 않았다.
내가 하고 있는 일을 자신하지 못하고 남 앞에 떳떳하게 말하지 못하며 겨우겨우 하루하루를 살아가는 그런 고단한 삶을 살고 있었다.
그런데 이 힘겨운 육체노동자의 하루하루가 내가 걸어가야 하는 삶의 긴 여정의 일부분이라면 당당하게 맞서 견뎌내야 한다고 생각하게 된 것이다.
무엇이 나에게 이런 성찰을 할 수 있게 만들어 주었나 생각해 보았다.
[책]이었다.
난 열 권의 책을 읽기보다는 한 권의 책을 열 번 읽기를 권한다.
이해력이 부족하여 여러 번 읽지 않으면 내 것이 되지 않기 때문이다.
한 번 읽을 때는 그 순간만 느끼고 뉘우치고 그 읽는 순간이 지나면 쉬 잊어버리게 된다.
그렇기에 여러 번 읽어야 비로소 내 세포 하나하나에 스며들어 삶에서 우러나오게 된다.

사람들과 대화를 할 때 내가 읽었던 책 속의 내용이 자연스럽게 대화에 인용될 때의 기쁨을 느끼려면 여러 번 읽지 않으면 안 된다.

나에게 책은 훌륭한 스승이다.
성공한 사람 뒤에는 언제나 훌륭한 스승이 있다.
그런데 누구나의 삶이 자신이 원한다고 해서 훌륭한 스승을 만날 수 있지는 않다.
하지만, 훌륭한 책은 내가 원하기만 하면 누구나 어렵지 않게 만날 수 있다.
책만큼 값싸고 훌륭한 스승이 어디에 또 있겠는가!
서점과 도서관에는 내가 따르고 싶은 모든 스승이 있다.
찾아가서 그분들을 만나 그분들과 대화를 나누면 된다.

지금의 삶이 고단하다는 것은 과거에 내가 선택한 방법이 현명하지 못했기 때문이고 미래의 삶이 지금과 같이 고단하지 않기를 원한다면 과거의 그와 같은 선택을 반복하지 않으면 된다.

지금 당신의 선택이 당신의 미래다.

그리움

막대기를 들고
그리움 깨려고
허공을 사정없이 휘저었다
그리움은 깨지지 않는다
허공이 깨지지 않듯이

막대기를 들고
그리움 깨려고
강물을 사정없이 두들겼다
그리움은 깨지지 않는다
물이 깨지지 않듯이

작대기 집어던지고
땅바닥에 주저앉아 엉엉 울었다
쌓여있던 그리움이
눈물로 녹아들어 떨어지더니
땅 속으로 스멀스멀 사라진다

실컷 울었다

푸르른 사랑

바다에 빠지련다
저 푸른 바다에…

푸르게 물들인 몸뚱이로
당신에게 달려가
그 푸르름을 당신 곁에서
아낌없이 털어내련다

바다에 빠지련다
저 푸른 바다에…

푸르른 사랑 털어내도 모자라면
쥐어 짜 갈기갈기 찢기더라도
한 방울 남김없이
당신을 위해서 짜내련다

푸른 바다에 빠지련다

할머니

애미야
그만 좀 해라
맑아야 할 눈동자가 저게 뭐니
그만 좀 해라
애미야

애미야
그만 좀 해라
당당해야 할 어깨가 저게 뭐니
그만 좀 해라
애미야

이리 온
내 강아지
건강하게만 크면 된다
내 강아지
이리 온

가족

겨울 찬바람 속에
흰 눈으로 덮어 놓았던
깨끗하지 못한 허물이
봄볕에 드러나면
새싹에 꽃까지 피워
덮어주고 감싸주는 사람들

여름 뙤약볕 아래 지쳐가면
큰 나무 그늘 만들어
부채질도 해주고
가을날 거둬들인 열매가
모자라고 부족해도
서로 나눌 줄 아는 사람들

가까이 있지 않아도
마음 나눌 수 있고
가까이 있지 않아도
응원의 박수 뜨겁게 보내오는
그 사람들이 바로
너와 나의 가족이다

남겨진 날들에 고함

이십대에는 몰랐습니다
삼십대에도 몰랐습니다
사십대가 되서야
내 눈동자에 맺히는
그녀의 뒷모습이 아름답게 보입니다

오십대가 되면
그녀의 눈동자에 맺힌
글귀를 읽을 수 있고
육십대가 되면
그녀의 심장의 울림을
해석할 수 있기를 원합니다

칠십대가 되면
그녀와 하루하루를
있는 그대로 즐기고
팔십대가 되면
그녀와 하루하루를
감사의 마음으로 보내겠습니다

구십대가 되었을 땐
그녀 곁에서 자식들에게
미안한 삶이 되지 않기를…

비 햇살 바람 그리고 어둠

비 오는 아침
한 손엔 우산
한 손은 빗방울과 손잡고
집을 나선다

빗방울과 잡았던 손끝에
따뜻한 온기 전해와 뒤돌아보니
밝게 웃는 햇살이 내 손 잡고
길동무 하자네

긴 걸음에 지친 햇살은
발그레한 얼굴로 산 넘어 숨어들고
어느 결에 다가온 바람이
내 몸 흔들며 잡아끈다

그 끌림에 몸 맡긴 채
바람과 주점에 마주 앉아 피를 데우고
뜨거운 몸뚱이 일으켜 세워
바람에 기대어서 뒤뚱뒤뚱 춤을 춘다

허전함에 멈춰 뒤돌아보니
바람의 모습 오간데 없고
그 빈자리에 어둠이 다가와
어깨동무 하는구나!

빗방울과 손잡고 나섰던 집 앞
어둠과 어깨동무하고 서니
까만 하늘에선 별님 달님
손을 흔든다

외로움아
나에겐 언제나 이렇게 동행이 있으니
내 주위를 서성이지 마라
내 곁에 서려하지 마라

꽃길

사랑하는 사람을 향해
걷는 길
언제나 꽃길은 아니었습니다

사랑하는 사람과 손잡고
걸어온 길
언제나 꽃길은 아니었습니다

어느 날 사랑하는 사람과 손 맞잡고
걸어온 길 돌아보니
그 길 위에 꽃이 피어있습니다

우리 둘이서 힘겹게 걸으며
길 위에 흘린 땀방울이
꽃씨였습니다

당신의 향기

마음을 여니 아름답네요
한 발 다가서니 향기로워요
꼬옥 안으니 따뜻합니다
바로 당신입니다

저에게서
향기가 난다고 합니다
당신 곁에 섰을 때 얻은
그 향기가

저에게서
온기가 흐른다고 합니다
당신을 꼬옥 안았을 때 얻은
그 온기가

당신에게서 얻은 아름다운 향기와
당신에게 얻은 따뜻한 온기를
세상과 나눌 수 있어
저는 행복한 사람입니다

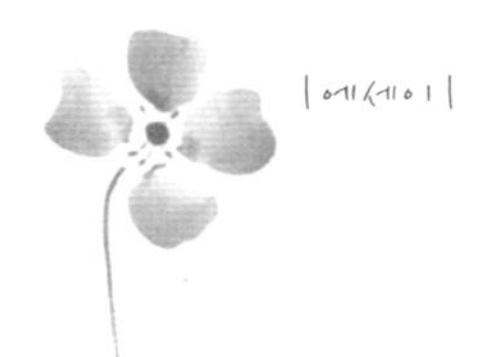

| 에세이 |

내가 만든 무지개

젊은 남자가 산길을 뛴다.

산 너머에 있는 큰 무지개를 잡으려고 뛰고 있다.

이때 한 노인이 나타나더니

"이보게 젊은이 비 오듯 땀을 흘리며 어디를 그렇게 뛰어 가는가?" 하고 물어 온다.

'헉~~ 헉~~' 숨 가쁘게 뛰던 젊은이는

"저 산 넘어 보이는 무지개를 잡으러 갑니다. 저 무지개를 잡아가면 우리 가족들이 기뻐하겠죠. 그 모습을 상상하니 너무 행복해요." 라고 말하고 다시 뛴다.

한참을 뛰었다.

큰 숨 몰아쉬며 한참을 뛰었다.

그런데, 뒤에서…

"이보게 젊은이!" 하는 것이 아닌가!

깜짝 놀란 젊은이는 뒤를 돌아보았다.

조금 전 그 노인이 바로 뒤를 따라오며 젊은이를 부른 것이다.

'이거 뭐야! 노인네가 뭐 이렇게 빨라! 이상하네…' 젊은이는 고개를 갸웃한다.

분명히 빠른 속도로 뛰었는데…

어느 누구도 따라오기 힘들 만큼 부지런히 뛰었는데…

그런데 노인이 바로 뒤에 따라오고 있는 것이다.

"이보게 젊은이, 뒤도 안돌아 보고 땀방울이 휘날리도록 뛰더니 또 무슨 생각을 그리 골몰히 하는가?"하며

손에 든 수건을 젊은이에게 건네주고는

"우선 땀이나 좀 닦게 젊은 친구."하자

"어르신이 어찌 제 바로 뒤에 계신 거죠? 누구도 따라오지 못 할 만큼 온 힘을 다해 달렸는데 어떻게 어르신이 제 뒤에 계실 수 있는 거죠? 그것도 이렇게 편안한 얼굴로요?"하며 노인을 뚫어지게 쳐다본다.

그러자 노인은 별 일 아니라는 듯

"그 문제는 차근차근 생각해보게 답을 찾을 수 있을 게야. 그리고 잠깐만 이리 와 내 뒤로 와 서보게 젊은이."하며 젊은 이를 자신의 등 뒤에 세운다.

그러고 나서 노인은 들고 있던 물병의 물을 입에 한가득 머금고 그 입 안 가득 머금은 물을 하늘을 향해 뿜고는

"무엇이 보이는가?"하고 묻는다.

"무지개가 만들어졌네요. 좀 작기는 하지만…"라고 젊은이가 대답했다.

"그래 이걸 보게나, 내가 만들 수 있는 무지개를 왜 그렇게 힘들게 남들이 만들어 놓은 것을 잡으려고 뒤돌아볼 틈 없이 헐떡이며 뛰는가!"라고 말하고 그 노인은 한 마디 더 한다.

"결국 남이 만들어 놓은 무지개는 크고 아름다워 보이기는 하지만, 내 것이 아니네. 좀 작기는 하더라도 늦기 전에 자신만의 무지개를 만들어 보는 것도 나쁘지 않으니 잘 생각해

보게나."하고 유유히 사라진다.
상상도 하지 못 할 빠른 속도로 숲속으로 사라져 갔다.

지금 나는 입 안 가득 물을 머금고 하늘을 향해 태양을 등에 지고 섰다.
나만의 무지개를 만들어 보려고…

큰 무지개를 찾아 산길을 뛰며 헤매다 팔 다리에 상처도 나고, 지쳐서 주저앉기도 한다.
그렇게 고생고생 해서 큰 무지개를 만나본들 그 상처가 치유가 되기는 커녕 내 것이 아니라는 것을 알고 허탈함에 또 다시 힘을 잃고 그 자리에 주저앉을 지도 모른다.

작고 소박하더라도 나만의 무지개를 만들어 보자.

어둠 속 사랑 나눔 1

어둠은
사랑 나누기에 더 없이 좋다
어둠이야말로
사랑 확인하기에 더 없이 좋다

어둠 속에서 눈 감지 마라
어두울수록 눈 크게 부릅뜨고
그 어둠을 똑바로 보아라.
어둠 충분히 바라본 눈이라야
밝은 빛 아래 핀 꽃
아름답게 볼 수 있으리니

어둠은
사랑 나누기에 더 없이 좋다
어둠이야말로
사랑 확인하기에 더 없이 좋다

어둠 속에서 거친 숨소리가 퍼진다
그 거친 숨소리를 끌어안아라
그 거친 숨소리를 사랑하라
그 거친 숨소리에서 희망이 꽃이 피어나리니

어둠 속 사랑 나눔 2

새벽은 아직 멀다
밖은 여전히 깜깜한 밤이다

어둠 속 사랑하는 이와 거친 호흡
리듬 없던 그 거친 호흡은
시간이 지나며 리듬을 맞추어간다

육체적인 피로감은 극에 달았다
그러나 우리의 호흡은 리듬을 찾아
피로감을 줄이는 방법을 찾았다

흐려져 가는 정신이 맑아오더니
깜깜한 세상 속에 별이 보인다.
한 점의 하얀 별이 보인다

저 멀리
어두운 터널의 출구가
별처럼 반짝이고 있다

설레임

내 생의
가장 지루한 일주일이
앞에 놓여 있다

월요일 아침
그녀에게서 전화가 왔다
주말에 보자고

아슬아슬한 일주일이
그녀와 나에게
아무 탈 없이 지나기를 기도했다

간절히…

설날

구멍 난 문풍지 바람 들까 덧바르고
파르르 떨리는 손길로 쓸고 닦으면
주인 잃은 싸늘한 방엔
설레임의 온기로 채워진다

아들 손주 기다리는 부푼 마음은
재 너머 행길 버스차부에 보내놓고
아궁이에 군불 지피우니
구들 밑 파고드는 뜨거운 사랑에
방바닥은 母情으로 절절 끓네

거뭇거뭇 타들어간 아랫목에
묵직한 솜이불 덮고 누우면
몸뚱이에 박힌 얼음조각들 녹아내리고
세상 풍랑 견딜 수 있는 기운이
세포 하나하나에 뜨겁게 담기운다

아랫묵

아랫묵은 사랑이다
추운 겨울날
지친 몸 이끌고 들어오시는
아버지의 밥공기 따뜻하게 품고 있는
아랫묵은 사랑이다

아랫묵은 사랑이다
하얀 눈밭 뒹굴며 뛰놀던
아이들 언 몸 녹일 수 있게
제 몸뚱이 까맣게 타들어가도 참아내는
아랫묵은 사랑이다

아랫묵은 사랑이다
고단함으로 신발 속에서 숨죽였던
지저분한 발 옹기종기 모여
꼬랑내 솔솔 풍겨도 찡그리지 않는
아랫묵은 사랑이다

힘을 빼라

나뭇가지여 춤추어라
바람이 너의 춤 보러 왔는데
춤추지 않는다면
얼마나 서운하겠느냐

친구여 웃어라
너의 웃는 모습 보고 싶어 왔는데
웃지 않는다면
얼마나 서운하겠느냐

친구여 울어라
눈물 맺힌 널 안아주러 왔으니
울고 싶거들랑
이 가슴에 안겨 펑펑 울어라

힘을 빼라
힘을 뺄 줄 알아야
세상의 아름다운 모습이
너에게로 온다

동창회

같은 추억
서로 다른 보따리에 담아
민들레 홀씨처럼 흩어져 살아간다

한자리에 둘러앉아
보따리 속에 담겨진 지난 날
소쿠리에 쏟아내면
추억은 반짝이는 보석이 된다

마음과 마음 반짝이는 보석
낡은 수레 위에 함께 싣고
추억의 벽화 그려진 옛길 따라 가니
덜컹덜컹 수레 위에서는 어깨춤이 절로 나고
들썩들썩 어깨춤에 웃음보 터져나면
발가벗고 멱 감던 개울가의
참방참방 물장구 소리도 들려온다

버드나무

버드나무는 안다
욕심 부리면
육신이 썩어 들어간다는 것을

버드나무는 안다
고집 부리면
몸땡이 꺾일 수 있다는 것을

버드나무는 안다
욕심 버리면
물속에서도 썩어들지 않음을

버드나무는 안다
고집 삭히면
큰 바람에도 꺾어지지 않음을

소나무는 바위틈에서
목마름을 견디고
버드나무는 물속에서도
목마르기 전 물을 마시지 않는다

서쪽 창에서 만난 아침햇살

찬란한 아침햇살이
내방 서쪽 창을 두드린다

아침햇살을 품은 앞 건물이
내 방 서쪽 창으로 그 햇살을 보내왔다

생각하지 못 했던 햇살이
내 삶에 빛을 뿌렸다

찬란한 아침햇살이
서쪽 창을 넘어 나에게로 왔다

나는 창문을 열어
찬란한 빛을 가슴에 담는다

피리 부는 소녀

소녀의 숨소리에서 꽃이 피어난다

검은 물 먹은 먹구름도
소녀의 심장을 지나오면
봄날의 뭉게구름처럼
새하얀 꽃으로 피어난다

소녀의 숨소리에서 향기가 흐른다

작은 틈 지나온 소녀의 숨결
공기 중에 꽃씨를 뿌리고
그 꽃씨 싹을 틔워 꽃 피우면
향기로 우리들 몸을 감싸 안는다

소녀의 숨소리에서 기적이 싹튼다

시기와 욕심의 검은 먼지도
소녀의 심장을 지나오면
사랑과 나눔의 玉水가 되어
메마른 땅에 초록빛 싹을 틔운다

호수

호수를 보고 있노라니
수면 위에선 잔물결이 일고 있다
잔잔한 그 물결은
나의 잠자는 수면을 흔든다

호수를 보고 있노라니
수면 위에선 잔물결이 일고 있다
잔물결은 어느새 너울을 이루고
나는 그 너울 위에서 춤을 춘다

호수를 보고 있노라니
수면 위에 내가 있다
살랑살랑 춤추는 내 모습엔
미소로 가득하다

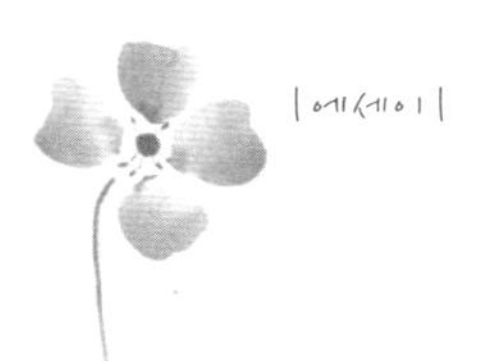

설득과 납득

노인과 젊은이가 병원 침대에 누워 마주보며 웃는다. 그 이유는 이렇다.

더운 어느 여름날이었다.
한 젊은이가 소를 끌고 냇가로 왔다.
냇가에 도착한 젊은이는 소를 끌고 물로 들어가서 목욕을 시킨다.
등에 물을 뿌려주고 배와 다리를 긁어주며 시원하게 목욕을 시켰다.
이렇게 목욕이 끝나고 젊은이는 소에게 물을 먹이려고 소의 입을 물에 가져다 대고 물을 마시라고 설득한다. 그러나 소는 큰 눈만 껌벅일 뿐 물 마시기에는 관심이 없다.
그 젊은이는 갈증이 났는지 옆구리에 차고 온 물병을 꺼내 물을 벌컥벌컥 마시고, 다시 소의 고삐를 잡아당겨 물을 마시라고 설득했다.
역시나 소는 계속 큰 눈만 껌벅일 뿐 냇물에는 별 관심이 없다.
그 광경을 지켜보고 있던 한 노인이 젊은이 곁으로 다가오더니 빙긋 웃으며 젊은이의 옆구리에 채워져 있던 물병을 쏙 뽑아 뚜껑을 열어 물병 속에 들어있는 물을 냇물에 모두 쏟아 붓고는 그 냇물에 입을 대고 물을 벌컥벌컥 마시는 것이 아닌가!

그러고는 하늘을 보며

"아~~! 시원하다."하니

그 옆에 있던 소가 따라서 냇물을 벌컥 벌컥 마시는 것이었다.

그 모습을 지켜보고 있던 젊은이가 노인에게 물었다.

"어르신, 어찌 된 일입니까?"

그러자 노인이 말한다.

"설득하려 하지 마라. 납득이 가도록 행동하고 기다린다면 자네가 원하는 방향으로 일은 이루어질 것이니!"

그러자 젊은이는 고개를 끄덕이며 그 노인을 따라 그 냇물을 벌컥벌컥 마셨다.

"어, 어, 어이 젊은이, 그 물을 진짜로 마시면 어떡하나. 그냥 마시는 척만 해야지 쯧 쯧 쯧!"

그러자 젊은이는

"그럼 소를 속이자는 건가요. 전 그렇게 할 수는 없어요. 남을 속이면서까지 원하는 것을 얻고 싶지는 않거든요."

그 말을 들은 노인은

"허 허 허!"

큰 소리로 웃더니

"내가 젊은이에게 한방 먹었네, 그래 내가 졌네!"라고 말하고 그 젊은이와 같이 냇물을 벌컥벌컥 마셨다.

그런데 그것이 화근이 되어 둘은 장염으로 나란히 병원 침대에 누워 화장실을 들락날락 하고 있는 것이다.

납득은 내가 가지 않아도 된다.

내가 끌어당기지 않아도 된다.
상대방이 나에게로 오기 때문에 말이다.
설득이야 말로 중요하다.
하지만, 상대방을 납득시키는 것이야말로 올바른 삶의 방법 중 으뜸일 것이다.

제2부

안개

안개가 산을 삼켰다
소화도 시키지 못 할 놈이
또 욕심을 부리는구나!

안개가 계곡을 삼켰다
목도 마르지 않은 놈이
또 욕심을 부리는구나!

안개가 호수를 삼켰다
자신을 낳아준 엄마라는 걸 알면
맘 아파서 어찌할꼬!

부질없음일 진데
안개란 놈은 욕심이란 유혹을
뿌리치지 못하고
오늘도 세상을 삼키려 드네

또 안개가 피어오른다

가시나무

가시나무에 찔렸다
화가 치밀어 올라
가지를 꺾어 발로 밟았다
맨발이었다
고개를 숙이고 절뚝절뚝 뒤돌아섰다

며칠 뒤 두꺼운 신발을 신고
가시나무로 갔다
가지를 꺾어 실컷 밟아 주려고
가시나무로 갔다

새싹이 돋고 있다
가시나무 새싹에서 향기가 났다
가시나무 새싹이 부드럽다
새싹 돋울 눈망울이 있었구나!

그때는
그 눈망울이 보이지 않았다

이삭

이삭이 되어라

홀로 있을 때는
보리 이삭이 되어라
스스로 너를 바라보는 눈이
자신감을 높여줄 것이다

여럿이 모여 있을 때는
벼 이삭이 되어라
너를 바라보는 주변의 눈들이
너 자신을 높여줄 것이다

강자 앞에 섰을 때는
보리 이삭이 되어라
너를 바라보는 눈동자에
두려움의 마음이 담겨있을 것이다

약자 앞에 섰을 때는
벼 이삭이 되어라
너를 바라보는 눈동자에
존경의 마음이 담겨있을 것이다

홀로 있을 때나 강자 앞에 섰을 때는
보리 이삭처럼 당당하게 서고
여럿이 모여 있을 때, 약자 앞에 섰을 때는
벼 이삭처럼 겸손하게 굽혀라

아들딸들아
이삭이 되어라
자기 자신을 드높일 수 있는
네 자신의 이삭을 찾아라

◑
스스로를 낮춰야 비로소
높은 칭송을 얻을 수 있음인데…
약자 앞에서는 낮추고
강자 앞에서는 당당히 맞설 줄 알아야
진정한 강자임에도 불구하고
대한민국 국민의 DNA에는
약자 앞에서는 강하고
강자 앞에서는 고개 숙여 비굴해져야

남들보다 풍족한 삶을 살 수 있다는 정신이 스며들어 있는 것 같습니다.

철저하게 강한 척 하는 사람들...
그들이 잘 살아가고 있는 세상!
그들이 그렇게 잘 살아가고 있기에
잘 살고 싶은 바람이 큰 우리들도 그렇게 강한 척 하는 인간으로 개조되어 가고 있는 것 같아 슬퍼지네요!

저 역시도 그런 인간으로 변해 가는지 뒤 돌아 보게 됩니다.

그분이 생각납니다.
국민의 에너지를 모아주실 분이 없는 것 같아 아쉬움이 큰 저녁입니다.

당신은 진정한 강자가 되시기를 바랍니다.
저 또한 노력하겠습니다.

실바람꽃

나의 하늘은
눈부신 파란하늘
이 하늘을 배경삼고서
내 어찌 돋보이지 않을 수 있겠는가
살랑살랑 실바람 불어와도
부푼 내 마음은 쉬 춤을 춘다

바람아 바람아 실바람아
나의 춤 아름답다 하여
더 크게 기뻐하지 말거라
네가 크게 기뻐하면
격렬한 춤에 쓰러져
나 바닥에 누울지도 모르니

바람아 바람아 실바람아
나는 너의 꽃
실바람꽃이라네
실바람에 너울너울 춤추는
나는 너의 꽃
실바람꽃이라네

나무

내가 베어져 쓰러지는 것이
두려웠다면
뿌리 내리고 싹 틔우지 않았겠지요

내가 베어져 쓰러지는 것이
끝이라 생각했다면
한여름 태양 아래서 초록 잎사귀로 부채질하며
견뎌내지 않았겠지요

내가 베어져 쓰러지는 것이
삶이 목적이 다함이라 생각했다면
한겨울 발가벗고 송곳 같은 추위 견디며
단단해지지 않았을 것입니다

봄이면 싹 틔워
여름이면 초록 잎 그늘 드리우고
가을이면 알록달록 패션쇼에
겨울이면 발가벗고 단단해지는 것이
내 삶의 목적이 아니라는 것 알기에
몸을 파고드는 날카로운 톱날의 쓸림도

넉넉한 마음으로 받아들입니다

내가 베어져 쓰러진 뒤에
아름다운 모습 여기 있습니다
당신이 쉴 수 있는 의자가 되고
당신이 잠들 수 있는 집이 되고
당신이 추운 겨울날 떨고 있을 때
난로 안에서 뜨겁게 타오르는 불길이 됩니다

당신을 위해서라면
어떠한 상황이 나에게 주어져도
언제나 최선을 다할 뿐입니다
당신을 위해서라면…

달개비꽃

하늘을 담았다
나무 그늘에 누워서
하늘이 그리웠는지
마디 사이 피운 꽃잎은
하늘빛을 담았다

바다를 품었다
도랑가에서 흐르는 물소리에
바다가 그리웠는지
마디 사이에 피운 꽃잎은
바다 빛을 품었다

하늘을 담고 바다를 품은
달개비꽃아
눈 감으니 너의 파란 꽃잎에서
하늘을 지나는 바람소리 들려온다
바다의 출렁이는 파도소리 들려온다

꽃나무

와락 꺾이어서
흔하디흔한 술병에 꽂혀 있어도
그 향기는 잃지 않는다

큰 바람에 휘청거리리다가
흙바닥으로 쓰러져도
그 향기는 놓지 않는다

꺾이고 쓰러진 꽃나무는
움켜쥔 그 향기
땅바닥으로 흘려보내지 않는다

돌부리에 걸려 넘어진 내가
꼭 움켜 쥔 꿈
놓치지 않는 것처럼

숲

나무를 보라!
한 그루의 나무를 보라!
한 그루의 나무를 뚫어지게 보라!
나무 한 그루를 자세히 볼 줄 알아야
숲의 의미가 온전히 내게로 온다
들풀 한 포기 자세히 볼 줄 알아야
푸른 초원의 기운이 온전히 내게로 온다

하나를 보라
하나를 자세히 볼 줄 알아야
어울림의 의미가 온전히 내게로 온다

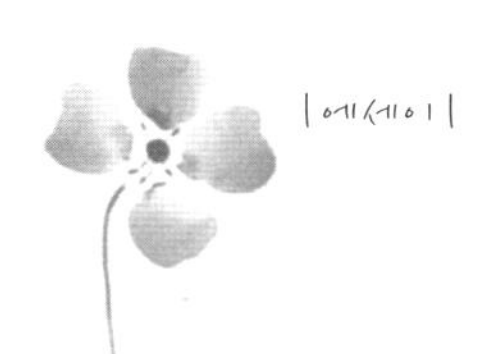

| 에세이 |

눈잣나무

[더 낮게 더 작게 그리고 더 단단한 삶을 그리며…]

설악산 중청봉에서 대청봉을 오르는 능선에는 눈잣나무들이 초록색 융단을 깔아 놓았다.
그들은 자세를 낮추어 스스로 작아졌지만 더욱 단단하다.
새 찬 비바람에도 차가운 눈보라에도 굴하지 않는 그들은 작지만 단단하다.

서로가 서로를 의지하며 강풍 앞에 마주 서고,
서로가 서로를 의지하며 추위 앞에 하나 된다.
그렇게 고단한 시간을 견뎌내는 그들은
자세를 낮추고 작게 뭉침으로 인하여 단단한 힘이 나오는 것이 아닌가 싶다.

그들이 고난을 견디는 방법을 자신들의 모습을 통해서 알려주고 있었다.
그들 곁을 수 없이 지니면서도
듣지 못하던 소리…
읽어내지 못하던 모습…
지금 200여km나 떨어진 먼 이곳에서

눈 감으니 들리는 이유…
눈 감으니 보이는 이유…
무엇 때문일까?

싸움에 지쳤나 보다.

새로이 다가 올 내일은
더 낮추고 더 작아짐을 통해서 더 단단하게
비바람과 눈보라 앞에서도 당당히 설 수 있도록
더욱 알차게 만들어 나가자.

지금의 세상은 내가 원하지 않는다고 경쟁을 피해갈 수 있는 곳이 아니다.
남들과 싸워서 그들을 쓰러뜨리고 이기는 경쟁보다는 작게 낮추어 단단함으로 무장하여 그들의 어떠한 공격에도 쓰러지지 않는 힘을 만들어 내자!
싸우지 않고 그들의 공격을 견뎌낼 수만 있다면
상대는 스스로 지쳐 쓰러지게 될 수도 있다.
상대가 스스로 지쳐 쓰러지지 않아도 상관 없다.
그것은 그들의 삶이기 때문에…
경쟁 없이 싸우지 않고 나의 길을 갈 것이다.

난 거친 세상 속에서 이렇게 삶을 즐기기로 했다.
내 아이들에게도 이런 방법이 있다는 것을 알려줄 것이고,

이런 삶을 살아가기를 바래 볼 것이다.
선택은 그 녀석들의 몫이겠지만…

감자의 세상 즐기는 쉽지 않은 방법…

눈잣나무
평지에서는 여느 나무와 같이 곧추서며 자란다.
높은 산 능선에서 자랄 때는 옆으로 누워서 자란다.
바람이 시키는데로 눕는다.
그래서 누운잣나무라고 하는데…

줄여서 눈잣나무라고 함!
하늘에서 내리는 하얀 눈 아닙니다.

봄의 합창

떠나는 겨울 안타까워
눈송이처럼 하얀 꽃망울 틔우며
매화가 봄의 노래를 시작하면

노란 속살 살포시 내보이며
수줍은 산수유 꽃은
매화의 노래에 화음을 더한다

매화와 산수유 꽃 봄의 화음에
진달래는 분홍 저고리 차려입고
봄볕을 유혹하는 노래 하늘하늘 시작하고

하늘에서 내려 온 하얀 천사들
목련나무 가지 끝에 날갯짓 멈추고
사뿐히 내려앉아 봄바람 리듬에 노래하며 춤춘다

노란색의 황제인 개나리꽃
노랑 꽃물결이 파도처럼
길가에 일렁이면

겨울을 짝사랑한 벚나무는
가지가지마다에
또 한 번 한얀 눈꽃송이 쌓아 놓는다

벚나무에 쌓였던 눈꽃송이 눈발 되어 날리면
미인은 잠꾸러기 외치며 철쭉은 늦은 잠에서 깨어나
화려한 자줏빛 꽃잎으로 아름다움 뽐내고

점술 꾼 아카시아나무는
포도송이 같은 꽃송이 주렁주렁 매달고
꿀벌들을 유혹하며 봄의 합창을 마쳐간다

봄꽃의 노래는
라일락 향기 속으로 스며들며
막을 내린다

봄 햇살

보송보송 목화솜 터지 듯
폭신폭신 봄 햇살 터지면
부드러운 햇살 아래 그곳은
파고들면 파고들수록
젖 내음 풍기는 엄마 품처럼
포근하고 따뜻하다

엄마 품에 잠든 아기
토닥토닥 엉덩이 두드리듯
봄 햇살의 손길로
토닥토닥 세상 풍경 두드리면
꽃봉오리 눈을 뜨고
새싹들도 잠에서 깨어나네!

햇살아 햇살아 봄 햇살아
너의 손길에 담긴 것
무엇이관데
너의 손길 닿으면
삶의 노래가 시작되느냐
햇살아 햇살아 봄 햇살아

볕

볕이 든다
그늘 드리워진
가슴에 볕이 든다

나뭇잎
훌훌 털고 나니
그 사이로 볕이 든다

나뭇잎
훌훌 털고 나니
그 사이로 바람도 쉬 지난다

볕이 든다
그늘로 덮여 있던
가슴에 볕이 들어와 앉았다

따뜻해져 온다
서늘했던 가슴이
따뜻해져 온다

갯벌

바다가 달아났다
바다가 멀리 달아나자
갯벌이 옷을 벗고
부드러운 속살을 드러낸다

거친 발뒤꿈치가
속살을 파고들자
부드럽게 감싸 안는다

갈매기의 뾰족한 부리가
속살을 쪼아대도
부드럽게 받아들인다

날카로운 호미 끝이
속살을 깊이 후벼파도
부드럽게 한 조각 떼어준다

부드러운 놈이 겁도 없네!
강하고 단단한 모든 것을
겁도 없이 감싸 안는다

거친 내 발꿈치가 짓눌러도
아무 말 없이
부드럽게 감싸 안는다

여름햇살

햇살을 피해
그늘에 앉아 쉬다가
다시 햇살로 몸을 내밀면
두더지 망치처럼
정수리를 내리치는 여름햇살
그 망치에 두들겨 맞고
또 그늘로 찾아든다

그 모습이 재미있는지
여름햇살은 망치를 움켜잡고
햇살로 나오는 녀석들을 골라
망치질에 신났다
정수리를 얻어맞으면
온 몸 땀으로 흥건히 적시고는
비틀거리며 또 그늘로 찾아든다

한 녀석이 또 나온다
햇살은 움켜쥔 망치로
사정없이 정수리를 내리친다
비틀거릴 줄 알았던 그 녀석은

망치질에 신난 햇살을 향해
손을 들어 거수경례를 하며
여름햇살을 보고 씨익 웃는다

그 모습에
여름햇살도 씨익 웃으며
손에 든 망치 내려놓고
바람 한 줌 후우 날려
흐르던 땀 닦아주네!

너덜지대*

오늘이 힘겨운 것은
내일 찾아올 행복을
더 달콤하게 맛보이기 위한
하늘의 뜻입니다

그 뜻 읽지 못하고
원망의 눈길로
하늘을 보지 마세요

그 뜻 읽지 못하고
힘없는 다리로
걸음걸이 흩뜨리지 마세요

하늘의 뜻이기에
누구를 향하여
손가락질도 하지 마세요

오늘 힘겨운 이 길은
내일 찾아 올 행복을

* 너덜지대 : 많은 돌들이 깔려있는 산비탈을 가리키는 순수한 우리말입니다.

더 반갑게 맞이하기 위한
내가 걸어가야 할 너덜지대입니다

바다

넓은 가슴으로
모두를 위해
자신의 색 포기한 바다

해 넘는 석양 아래에서는
붉게 타 오르고
반짝 반짝 밤하늘 아래에서는
별을 품은 까만색으로
파란 하늘 아래에서는
파란 물감을 풀어 놓는 바다

바다를 보라
하늘 빛 닮아 파란 물결 춤추는
저 바다를 보라

하늘의 파란 빛 깔 보다 더 파란
바다에게 물었다.
"넌 왜 하늘 빛보다도 더 파란 거니?"
바다는 하늘을 한 번 올려다보고
내 귀에 조용히 속삭인다.
"낮은 곳에 있으니까!"

논

봇도랑 물 들이켠
배 불뚝 논엔
앞으로 나란히 입학식의 애기모들
삐뚤삐뚤 빼뚤빼뚤 줄 선 모습이 정겹다

애기모 줄 선 사이에선
잠에서 깬 개구리 노래하고
맹꽁이 코러스에 올챙이들 춤추니
우렁이도 꿈틀꿈틀 장단 맞춘다

산도 담았고
하늘도 담았고
구름도 담고 있는
논은 학교다

온 세상을 품고 수 천 년을
벼 이삭 한 톨 한 톨에 삶의 기운 담아 주며
말없이 가르침 전하는
논은 학교다

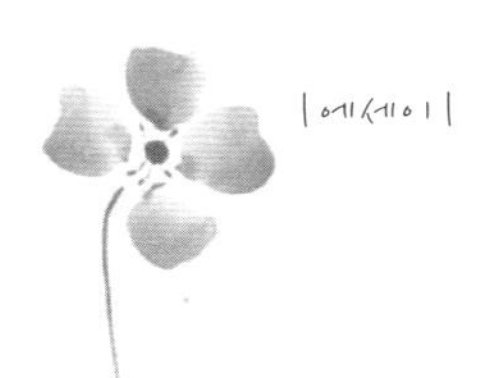

쓴맛

인생의 쓴맛!
나머지 인생에 어떤 영향을 주는가?

입에 단 음식은 몸을 망치고
달콤한 쾌락은 독이 되어 삶을 썩게 한다.
약이 되는 음식이 입에 쓴 것처럼
인생의 쓴맛도 잘 씹어 삼켜서 소화시킨다면
나의 삶이 건강하고 튼튼해지는데
더 없이 중요한 약이 될 것이다.

인생의 쓴맛에 얼굴 찌푸리고 있다면
그 쓰디쓴 인생을 꼭 꼭 씹어 보길 바란다.
꼭 꼭 씹어서 삼켜야 위에서 부담없이 소화시킬 수 있다.
꼭꼭 씹다 보면 삼킬만해지고 계속 씹다 보면 때로는 단맛도 느껴질 때가 있다.
이렇게 쓴맛을 계속 씹어서 단맛이 느껴진다면
서서히 약효가 나타나기 시작하는 것이다.
쓴맛은 쓴맛 대로 즐길 수 있어야 한다.
달콤함으로 그 쓴맛을 잊고 싶을 때가 많이 있다.
그러나 잠깐은 잊을 수 있다.
아주 잠깐 잊을 수 있으나 그 아주 잠깐의 달콤함에는 쓴맛에서 얻을 수 있는 약효를 얻지 못 할뿐더러 큰 아픔으로 그 삶이 썩을 수도 있을 것이다.

세상은 내가 생각하는 것과는 많이 다르다.
세상은 이렇게 썩어가는 삶을 원하는 사람들이 많다. 그들이 원하는 삶을 살면서 내 곳간의 양식으로 그들의 곳간을 채우는데 써버리는 바보 같은 짓은 하지 않길 바란다.

지금 난 인생의 쓴맛을 꼭꼭 씹고 있다.
이제 조금씩 씹을만해지고 있다.
조금만 더 씹으면 단맛이 날 것 같다.
두 눈 질끈 감고 조금만 더 꼭꼭 씹어보려 한다.

당신이 인생의 쓴맛으로 얼굴을 찡그리고 있다면
조금만 더 참고 꼭꼭 씹어보길 바란다.
그리고 꿀꺽 삼켜서 건강하고 튼튼한 삶의 약효를 얻길 바란다.
쓴맛을 꼭 꼭 씹어서 삼켰을 때 얻어지는 달콤함은
그 어떤 달콤함과도 비교할 수 없이 달다.
내일은 그 달콤함을 맛보시기 바랍니다.

꽃차

햇살 아래서도
놓치지 않으려고
꼭 잡고 있었다

바람 앞에서도
빼앗길 수 없어
꼭 끌어안고 있었다

달구어진 철판 위에서도
꼭 움켜쥔 손
펼치지 않았다

뜨거운 물이 담긴
찻잔 속에서
아낌없이 풀어놓는다

꼭꼭 쥐고 있었다
그 향기 당신에게 전하려고
꼭꼭 품고 있었다

눈꽃

향기는 감춰두고
맵시만 뽐낸다

향기는
신선의 몫이라며
감추어 두었네!

심술눈

3월의 어느 날
모두들 봄을 얘기하고
모두들 봄을 기대하며
한껏 부풀어 오른
3월의 어느 날

눈 뜬 아침 창밖의 세상은
하얀 눈으로 덮여 있다
심술눈이다
봄을 준비하는 세상의 꿈틀거림에
겨울은 마지막 심술을 쏟아놓았다

차가운 심술은
3월의 태양이 떠오르면
말없이 사르르 녹아들겠지
사르르 녹아들어
새싹들의 마른 목 적셔주겠지

겨울의 마지막 심술
그 차가운 심술눈에는

고난을 이겨내고
진한 향기 품으라는
깊은 사랑이 담겨있구나!

어둠

어둠속에서는
보름달조차도 사치이다
그 달빛만으로도
어둠 속의 빛은 사치이다

어둠을 밝히는 만큼
인간은 삶은 무거워진다
어둠을 밝히는 만큼
자연의 기운도 시들어간다

어둠을 대낮 같이 밝힘으로
인간의 삶이 대낮 같이 밝아졌는가
어둠을 대낮 같이 밝힘으로
인간의 가슴에 대낮 같은 빛이 있는가

어둠을 그만 좀 괴롭히자
온전히 쉴 수 있게
온전히 잠들 수 있게
어둠을 좀 내버려두자

어둠을 밝힐수록 하늘의 별들은 힘을 잃고
어둠을 밝힐수록 내 가슴 속 별들은 빛을 잃고
어둠을 밝힐수록 인간의 가슴은 어두워진다
어둠을 밝힌 만큼 어둠은 두려운 존재가 되어간다

기찻길

기차가 밟고 지나야
기찻길은 광이 나지요
기차가 밟고 지나야
기찻길엔 빛이 담겨요

기차를 기다리는 날이
오래되면 될수록
그리움으로 흘린 눈물은
빨건 녹이 되어 덮이잖아요

기다리던 기차
떠나보내고 난 뒤에야
기찻길은 비로소
밝게 미소 짓네요

무거운 아픔을 견딘 기찻길은
밝은 빛을 얻어요
그 빛을 위해 기찻길은
무거운 아픔 거뜬히 받아냈네요

기차의 무거운 발자국은
기찻길 위에서 빛을 뿜고
나의 무거운 발자국은
내 삶에 빛을 담습니다

고드름

눈물이 굳어
맑은 수정이 된다

눈물이 굳어
빛나는 보석이 된다

눈물이 만든 수정처럼
눈물이 만든 보석처럼

맑게 빛나는
어른이 되고 싶다

곶감

가을은
목마름으로 시작된다
가을이면 찾아드는 갈증에
삶이 쪼글쪼글
곶감처럼 말라들어 간다

말라가는 삶이
볼 품 없이 쪼그라들지언정
그 주름 깊은 삶은
탱탱한 감에서 맛볼 수 없는
진한 달콤함을 품는다

무엇이 이 가을을 목마르게 하는가?
무엇에 이 가을은 목이 마른가?
그 목마른 갈증으로
삶의 주름 깊어 볼품없어질지언정
그 모습에 한숨 짓지 말자

더욱 달콤해져 가고 있으니

까치집

세찬 바람이 분다
그 바람 가르는
까치의 날갯짓이 분주하다

까치는
바람 부는 날
집을 짓는다

세찬 바람에
무너지지 않고
알 품을 자리를 위해서

까치는
바람 부는 날
집을 짓는다

우렁이

우렁이는 느리지 않다
그에게서 잠시 시선을 거두면
멈춰 있던 것 같은 녀석이
어느새 저만치 가 있다

우렁이는 게으르지 않다
느림보 녀석 뭘 할 수 있을까 싶지만
여름 땡볕 아래 논 일구어
가을날 황금들판을 꾸려놓는다

우렁이는 빠르지 않다
하지만, 제 할 일 미루지 않고
자신이 정해 놓은 목적지에
어김없이 도착해 있다

우렁이는 느리지 않다

변화

가장 어리석은 사람 중 하나는 사람을 변화시키겠다는 사람일 것이다.
사람은 변화시킬 수 없다.
그러나 사람은 변한다.
그 변화는 타인에 의해 변화하는 것이 아니다.
자기 스스로 변화하고자 할 때 변할 수 있다.
"난 그분에 의해서 이렇게 성장할 수 있었어!"
그건 그분에 의해서 성장한 것이기 이전에 스스로가 발전하겠다는 마음으로 피나는 노력을 하였기에 변화를 통해 발전하고 성장할 수 있었던 것이다.
훌륭한 스승에게 배웠다고 모두 훌륭한 사람이 되지 못하는 것을 보면 알 수 있다.
"저 녀석 내가 만든 놈이야!"
이런 말이야 말로 정말 어리석은 말이 아닐까!

닮고 싶은 사람은 수없이 많다.
그러나 그 사람을 닮아가는 사람은 그 사람을 닮고 싶어 하는 사람에 비하면 지극히 적은 숫자에 불과하다.
스스로 변화를 선택하지 못하고 실천하지 못하기 때문이다.

나는 사람을 변화시키려고 수많은 노력해 왔다.
그리고 변화되어가는 모습을 보며 만족하다가 다시 원점으로 회귀하는 것을 보면서 가슴을 쳤다.
그런 과정을 수 없이 겪으며 알게 되었다.
사람은 사람을 변화 시킬 수 없다는 것을 뼈저리게 느꼈다.
그렇지만 사람은 변한다.
자기 스스로 변화를 선택한 사람만이 변할 수 있는 것이다.
어느 누구도 타인을 변화시킬 수는 없다.
내가 변하는 모습을 보여주면서 "너도 나처럼 변할 수 있어!"라고 얘기해주는 것이 상대방을 변할 수 있게 하는 최고의 방법이고 유일한 방법이 아닐까 생각해 본다.

"난 널 변화 시킬 수는 없다. 그렇지만 넌 변할 수 있다. 네 스스로만이 널 변화시킬 수 있다. 내가 변한 것을 보아라."
"내가 당신을 변화시킬 수는 없습니다. 그렇지만 당신은 변할 수 있습니다. 당신 스스로만이 당신을 변화시킬 수 있습니다. 제가 변한 모습을 보십시오."

"당신은 변할 수 있습니다."

사람은 살아가면서 단 한 사람만을 변화시킬 수 있다.
그건 바로 자기 자신이다.

변해야 한다고 생각한다면 누구에게도 기대지 말고 스스로 변하라.
사람은 충분히 변할 수 있는 능력이 있기 때문이다.

사람은 사람을 변화시킬 수 없다.
하지만, 사람은 변한다.
스스로 변하고자 할 때 사람은 변화되어 간다.

제3부

씨감자

내 몸이 썩어야
싹을 틔워
햇살과 만난다

내 몸이 썩어야
뿌리를 뻗어
땅의 기운을 담는다

내 몸이 썩어야
또 다른 내가 새로운 내가
만들어진다

감자떡

널 닮고 싶다
무엇을 품었는지
숨김없이 보여줄 수 있는
너의 자신감을 닮고 싶다

널 닮고 싶다
맑고 투명한 놈이
쫄깃한 끈기까지 품고 있는
너의 인내심을 닮고 싶다

널 닮고 싶다
허기진 등산객 발걸음에
든든한 힘 담아주는
너의 맑은 기운을 닮고 싶다

마중물

마중물 한 바가지에
펌프는 거친 숨 헐떡이며
어둠에 잠든 물을 깨운다

헐떡이는 펌프의 부름에
잠에서 깬 물은 신명나게
콸콸콸 노래하며
찰랑찰랑 춤추네

물의 노래에 마른 목은 축여지고
물의 춤사위에 삶을 떠돌던 먼지는
제자리를 찾아 앉는다

독 안에 들고 싶다

독 안에 들고 싶다
독 안에 들어 깊은 맛 품은
된장이 되고 싶다

독 안에 들고 싶다
독 안에 들어 감칠맛 전하는
간장이 되고 싶다

독 안에 들고 싶다
독 안에 들어 진한 情 우려낼 수 있는
참 인간이 되고 싶다

눈동자

꽃을 보았습니다
나무도 보았습니다
푸르른 산도 담았고
드넓은 바다도 담았습니다

이 눈동자에
당신의 모습이 담깁니다
그 모습
어찌 아름답지 않을 수 있으리오!

맑은 친구

맛도 없는 놈인데
왜 이렇게 생각나지

색깔도 없는 놈인데
왜 이렇게 매력적이지

자신의 모습 꾸미지 않고
맑게 내어주는 친구

언제나 한결 같아
다시 찾고 또 찾는 친구

타들어가는 갈증의 몸부림은
이 친구를 만나면 사르르 녹아든다

냉수 한 잔이
날 살리는구나!

썩은 두엄

으악~
더러워!
누군가 나에게
냄새나는 썩은 두엄을
뿌려대고 있다

더럽다고 그 사람
탓하지 마라
더럽다고 그 사람
욕하지 마라
더럽다고 그 두엄
같이 뿌려대지도 마라

나에게 뿌려진 그 두엄은
털어내고 씻어낼 필요도 없다
나에게 뿌려진 그 두엄이
왜 뿌려졌는지 꼭 찾아라
나에게 뿌려진 그 두엄은
내 삶을 열매 맺게 할 양분이 된다

그 두엄으로
탐스러운 열매 얻거든
나에게 두엄 뿌린 그 사람에게
달콤하게 익은 열매 하나
건네도 좋으리.
두 손으로 건네면 더욱 좋으리

| 에세이 |

흙벽돌

산아! 솔아!
흙벽돌 같은 사람으로 살기 바란다.

스펀지를 보자.
스펀지는 잘 흡수한다.
무엇이든 잘 흡수하는 사람을 스펀지 같다고
하지 않느냐!
흔히 아이들을 스펀지 같다고 말한다.
그래 스펀지는 무엇이든지 쉽게 잘 흡수하지
그렇지만 그 스펀지를 들어올리면
쉽게 흡수했던 물을 또 쉽게 흘려보내고 만다.
그래서 스펀지 같은 사람은 아쉬움이 많다.

흙벽돌을 보자.
물에 담그면 물을 천천히 흡수한다.
다시 들어올려도 흡수한 물을 쉽게 흘려보내지 않지
내 것으로 오래 간직할 수 있다는 얘기다.
습기가 많으면 그 습기를 흡수하여 품고 있다가
건조해지면 품고 있던 습기로
건조한 공기를 촉촉하게 적셔준다.
그것이 바로 흙벽돌이다.

여름은 시원하게 겨울은 포근하게
흙벽돌로 만들어진 공간은
이렇게 우리를 감싸준다.

산아! 솔아!
흙벽돌 같은 사람으로 살기 바란다.
물론, 아빠도 흙벽돌 같은 사람으로
항상 흙을 보며 배우고 닮아갈 테니…

그대가 삶을 속일지라도

그대가 삶을 속일지라도
삶은 그대를 탓하지 않을 것이며
그대가 삶을 욕할지라도
삶은 그대를 떠나지 않을 것이다

그대가 피 흘리며 쓰러져 있을지라도
삶은 그대를 외면하지 않을 것이며
그대가 진흙탕에 빠져 허우적거릴지라도
삶은 그대 곁에서 손잡아 줄 것이다

그대가 방탕함에 흐느적거릴지라도
삶은 그대를 지그시 지켜볼 것이며
그대가 과욕에 정신이 혼미해질지라도
삶은 그대의 손 놓지 않을 것이다

그대가 삶을 떠나는 날
삶은 그대가 용광로 속 불길에 휩싸일지라도
그대 곁에 같이 누워
그대를 홀로 보내지 않을 것이다

바라건대, 그대여
절대 삶을 속이려 하지 말지라

허수아비

신통한 녀석들
시키는 일 잘도 하는구나!
제 할 일 찾아서 할 줄 알아야지
시키는 일만 곧잘 하는구나!

들판 불길에 타들어도
시키는 일 잘도 하는구나!
불길 피해 달아나야지
귀만 쫑긋 세우고 그 자리 지키고 섰네!

홍수로 물 차올라도
시키는 일 잘도 하는구나!
물길 피해 빠져나와야지
귀만 쫑긋 세우고 그 자리 지키고 섰네!

어깨 위에 앉은 참새가 팔을 쪼아도
시키는 일 잘도 하는구나!
아프면 흔들어 쫓아야지
시키는 일 아니라고 그대로 서 있구나!

너의 뜨거운 가슴을 믿어라
너의 뜨거운 가슴을 식히지 마라
너의 뜨거운 가슴이
이 땅 위에서 역동하는 기운이 되리니

◑
◑
◑

지나간 학창시절 수학여행이 생각납니다.
귀에 딱지가 앉도록 들었던 선생님의 말씀
“많은 인원이 움직이니 절대 개인 행동은 하지 말고 통제에 잘 따라야 한다.”라는 그 말…
부품 가슴으로 떠나던 수학 여행길에 불쌍한 우리 아이들 또한 귀에 딱지가 앉도록 많이 들었을 얘기…
“개인 행동하지 말고 안내에 잘 따라라.”
이 말이…
안전을 담보했던 이 말이…
원통하고 한스러운 말이 되고 말았습니다.

창의력은 말로만 강조할 뿐!

하수아비로 만들어가는 교육은 예나 지금이나 다르지 않은 것 같아 아이를 키우는 아버지로서 안타까운 마음 삭히기가 힘드네요.
제가 그 배에 타고 있어도 안내방송을 따랐을 것 같고, 우리 아이가 그 배에 타고 있어도 안내 방송을 따랐겠지요.

지금의 대한민국 또한 안내방송을 따르게 하기 위해 국민을 허수아비로 만들어가고 있는 것 같아 씁쓸합니다.
생각하는 국민이 되었으면 하는 마음이 간절합니다.
저 역시도 생각을 포기하고 편하게 안내방송만을 따르려 하고 있지는 않은지 뒤돌아보게 됩니다.

허수아비로 살아가면 안 되는 인생인데…

모닥불

모닥불 곁에서
오늘의 기억이 말라간다

마른 기억은
천 년을 두고도 썩지 않는 추억이 되어
가슴 속 저 깊은 곳에 쌓여
삶을 기름지게 한다

모닥불 곁에서
오늘의 기억을 말린다

척박한 땅

척박한 땅
땀으로 적셔라

돌을 캐
밭둑을 쌓고
자갈을 골라내며
땀으로 적셔라

돌무더기 척박한 땅도
다듬어 씨앗 뿌리면
싹이 돋고 열매 맺을 터
그대가 초라할지라도
실망하거나 주저앉지 마라

하늘이 감동하는 날
玉水 보내와
비옥한 땅을 이룰 것이며
땅이 감동하는 날
너의 곳간은
열매로 가득할 것이다

척박한 땅
땀으로 적셔라

바람

바람은
벽을 만나면 거침없이
그 벽을 넘고
산을 만나도 두려움 없이
그 산을 넘는다

결코
그 앞에서
주저앉지 않는다
지치지 않고
힘겨워하지도 않는다

바람에게 물었다
"넌 왜 지치지도 힘겨워하지도 않니?"
그가 말한다
"내가 할 일을 정확히 알면 지치거나 힘겨운 일은 없지!"

바람이 한 말 중얼거리며
내 길을 걷는다

"내가 할 일을 정확히 알면 지치거나 힘겨운 일은 없지!"

새가 되어

날개가 돋았다
언제든 날아오를 수 있는 날개가
하늘은 나를 허락하고
나는 하늘의 주인이 된다

푸드덕푸드덕 날개를 펼쳐
푸른 하늘을 바라보며 퍼덕인다
한 번의 힘찬 도약이면
날아오를 수 있다

하지만, 나는 날개를 접고
그곳으로 갔다
당당히 서고 싶었던 곳
그곳으로 갔다

천 길의 낭떠러지 앞
나는 주저없이 뛰어내렸다
두려움으로 치를 떨었던 공간
그곳이 지옥일지라도 두렵지 않다

날개를 원하고 원했다
저 하늘로 날아오르기 위해서가 아닌
천 길 낭떠러지도 두려워하지 않기 위해
날개를 원하고 원했다

두려울 것이 없다
나는 이제
두려울 것이 없다

새로운 길

걷고 싶던 길
새로운 길 걸음에
발걸음 조심스럽다
나의 발자국
그 길 위에 남기에

걷고 싶던 길
새로운 길 걸음에
발걸음 조심스럽다
나의 발자국
아들딸이 따를 수 있기에

걷고 싶던 길
새로운 길 걸음에
발걸음 조심스럽다
나의 발자국
다른 이의 길이 될 수 있기에

동지팥죽

정오의 그림자가
가장 큰 키를 자랑하며
으쓱으쓱 따르는 날

팥죽 한 그릇으로
그림자의 주인은
영혼에 기운을 얻는다

팥죽 한 그릇으로
도깨비의 눈 피하지 않고
똑바로 쳐다볼 수 있는 기운을 얻는다

팥죽 한 그릇으로
동지의 기나 긴 밤에
세상을 품을 기운을 얻는다

내 삶의 울타리 밖으로

던져라
내 삶의 울타리 밖으로
던져버려라
가벼워질 것이니
오래 걸어도 불편함 없을 것이다

던져라
내 삶의 울타리 밖으로
던져버려라
열매의 수 적을 지라도
더욱 알차게 거둘 것이다

던져라
내 삶의 울타리 밖으로
던져버려라
넓어질 것이니
새로운 것 채울 공간으로 넉넉할 것이다

던져라
내 삶의 울타리 밖으로 던져 버려라

더 가볍고 알차며 더 넉넉해진
또 다른 나를 만날 것이다

끊어진 다리

다리가 끊겼다
마음과 마음이 오가던
다리가 끊겼다

손에서 손으로 물질만이 오고 갈 뿐
마음과 마음이 오가던
다리는 끊겼다

끊어진 다리 밑으로
믿음의 보따리가
시뻘건 강물에 휩쓸려 사라졌다

그 보따리
어디서 찾아야 하나!
그 보따리
어떻게 찾아야 하나!

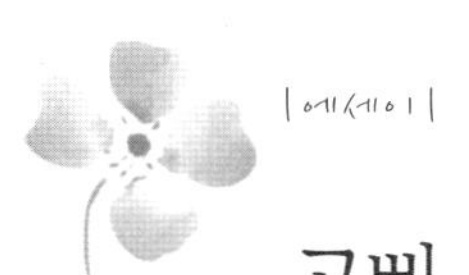

|에세이|

고삐 풀린 말

우리 집 마구간에는 바짝 고삐 묶인 말이 많이 있다.
오늘 이른 아침에 아버지는 마구간에 쓰러져 죽어 있는 말 한 마리를 달구지에 싣고 뒷산 너머 땅에 묻고 장사를 지내주고 오셨다.
돌아오셔서 마루에 앉아 쉬고 계시는데 옆집 아저씨가 요상하게 생긴 말 한 마리를 끌고 마당으로 들어서시더니 아버지와 이야기를 나누시고는 우리 집 마구간에 그 말을 묶어 놓고 가신다.
마구간에 묶여 있는 요상한 말을 본 나는 그 말을 끌고 나가 동네를 한 바퀴 돌며 사람들에게 보여주고 싶은 충동이 느껴졌다.
그래서 아버지가 자리를 비우신 사이 몰래 말고삐를 풀어 대문을 나섰다.
대문을 나서자 옆집 누나가 보인다.
그 앞에 말을 끌고 가서 자랑하며 보여주니 누나가 놀라며 고개를 갸웃 한다.
마을 입구 큰 느티나무 아래 정자 옆에 말고삐를 묶어 놓고 지나는 사람들에게 그 말을 선보이니 말을 본 사람들은 깜짝 놀라는 사람, 고개를 갸우뚱 하는 사람, 자세히 들여다보는 사람 등이 있다.
그렇게 그 말을 보이며 어깨를 으쓱 대고 있는데 갑자기 말의 고삐가 풀리더니 그 요상한 말이 이리저리 날뛰기 시작한다.
어찌 손 쓸 틈도 없이 수확을 앞둔 논으로, 밭으로 그리고 과수원으로 자기 마음대로 이리저리 날뛰며 난장판을 만들고 말았다.
논과 밭 과수원까지 엉망이 되고 말았다.
겨우 그 말을 다시 잡아 고삐를 틀어잡고 집으로 돌아왔다.
그 모습을 보신 아버지는 내가 잡고 있던 말고삐를 넘겨받으시고는 마구간으로 끌고가더니 다시 단단히 묶어 놓으신다.
그리고 나를 마루 자신의 옆자리에 앉혀 놓고 내 어깨를 토닥이시며 말씀을 하신다.
"아들아, 말이란 누군가 가져오면 언제나 저 마구간에 묶어 놓고 다른 곳으로 옮기는 것은 아주 신중해야 된단다."
"왜 그래야 하죠? 아버지!"
그러자 아버지는 내 손을 꼭 잡아 자신의 무릎 위에 올려놓으시고는
"좋은 말은 끌고 나가 사람들에게 보여주고 그 말을 칭찬하고 쓰다듬어주며 사람들과 나누어도 되지만, 저렇게 요상한 말은 조심해야 해. 많은 사람에게 보여주고 싶은 충동이 더 크게 느껴진다는 것 안다. 하지만 그것은 정말 위험한 행동이야."
난 말 없이 고개만을 끄덕였다.
"……!!"
"이것 보렴, 지금처럼 끌고 나가 마을 사람들에게 보여주니까 이렇게 네가 수습하기 어려운 상황이 발생하게 되지 않

니? 그러니까 누군가 너에게 요상하고 희한한 말을 끌고 오면 그 말은 언제나 너만의 마구간에 고삐를 단단하게 묶어 놓고 밖으로 끌고 나가는 일이 없도록 해라. 알겠지?"

난 고개를 숙인 채로

"네, 아버지!"하였다.

아버지는 내 무릎을 토닥여주시고는 엉망이 된 논밭과 과수원을 수습하시러 마을로 나가셨다.

◑

◑

◑

우리는 풀어 놓지 말아야 할 말고삐를 풀어 놓아서 난처한 상황을 맞는 경우가 종종 있습니다.

풀어 놓아야 할 말과 꼭꼭 묶어 두어야 할 말을 잘 판단하여 난처한 상황에 빠지는 일이 없도록 주의합시다.

말의 해를 맞이하여…

말고삐 묶고 풀어 줌에 있어 언제나 신중하기를 바랍니다.

지겟작대기

무거운 지게 짊어지고 하루를 걷고
지금 그 지게는 작대기에 기대어 쉬고 있는데
나는 그 무거운 짐 내려놓았건만
어깨를 짓누르는 삶의 무게는
여전히 무겁다

짐 실은 지게는
지겟작대기 하나로
쓰러지지 않고 굳건히 서 있건만
내 삶은 기댈 작대기 없이
위태롭게 서 있는 모습 비틀비틀 안쓰럽다

어디서 구해야 하나
내 삶의 작대기 하나
어떻게 구해야 하나
내 삶의 작대기 하나

오늘도 무거운 지게 둘러메고
쉼 없는 하루를 걸었건만
지게는 기댈 곳 있어 쉬고 있는데
이 지친 몸 기댈 곳 없어 비틀거리네!

종소리

소리가 담긴다

불 속으로 들어
벌겋게 끓어오르며
뜨거운 소리가 담긴다

숨 쉴 수 없는 틈에서
한 톨 공기방울에게도
자신의 자리 허락하지 않고 굳어진
단단한 소리가 담긴다

고난의 시간 견디어 담은
뜨거운 소리여
고독의 시간 참아내 담은
단단한 소리여
맑은 울림이 되어 산하를 휘감아 돌아라

엎어 놓아도
쏟아져 사라지지 않는 그릇에
소리가 담겼다

회오리바람

바람이 다툰다
자신이 선택한 방향만이 맞는다며
그 자리를 맴돌며 다툰다

쓰레기와 흙먼지 뒤집어쓴 채
서로의 갈 길 막고서
그 자리를 맴돌며 다툰다

자신이 선택한 방향만이 옳다며
양보 없는 다툼으로
그 자리는 오물로 채워져간다

아~ 한스럽구나!
널려져 있는 오물들
또 우리들 몫으로 돌아올 터이니

촛불

떨고 있구나!
주홍색 불꽃이 춥다며
빨간 외투 입고도
떨고 있구나!

떨고 있구나!
뜨겁게 불사르면서도
바람불어오면 춥다고
떨고 있구나!

떨고 있구나!
환한 빛 품고 있으면서도
어둠에 둘러싸여 무섭다고
떨고 있구나!

툇마루

터벅터벅 지친 몸
대문 열고 들어서면
말없이 날 반겨주는 친구
밝게 웃고 있다

언제나 그 자리에서
반짝반짝 밝게 웃으며
내 지친 몸을 위해
말없이 기다린다

여름날에는 볕을 피해
그의 등에 걸터앉아
시원한 물 한 모금 들이키며
토닥토닥 고마운 마음 전해주고

겨울날에는 그의 등 추울까
담요 한 장 덮어주며 걸터앉아
따끈한 커피 한 모금 입에 담고
토닥토닥 따뜻한 마음 전해준다

그 친구 반짝이는 밝은 미소는
사랑을 나눠주며 더욱 빛나고
수많은 날 내 지친 몸 받아주며
점점 더 밝게 빛나고 있네!

징검다리

징검다리를 건넌다

큼지막한 돌 밟고
안정되게 뛰어도 보고
흔들리는 돌 밟고
내 몸도 같이 뒤뚱여 본다

껑충껑충 뛰다가
어떤 돌 위엔 멈춰 서서
반짝이는 물결과 눈을 맞춰도 보고
졸졸졸 물소리에 귀도 기울여 본다

겉보기에 튼튼해 보여
생각 없이 올라섰다가
기우뚱 넘어져
몸이 흠뻑 젖어도 본다

오늘도 징검다리 건너
쉴 곳을 찾아간다
오늘도 징검다리 건너
사랑을 만나러 간다

◑

◑

삶이 징검다리를 건너는 것 같네요.
어떤 이는 흔들림 없이 튼튼히 서 있고
어떤 이는 중심을 잃고 있어서
그 옆에 서면 같이 흔들리기도 하고
어떤 이에게 눈 맞추고 귀도 기울여 보고
어떤 이는 믿고 밟았다가 넘어져 내 몸이 흠뻑 젖기도 합니다.
그렇게 징검다리를 건너는 모습이
내 삶과 닮아 있네요.
그래서 두들겨 보라고 옛 어른들께서 말씀하셨나 봅니다.
보이는 것이 전부가 아니기에…
저도 밟아주세요!
흔들리지 않고 중심 잡고 있도록 노력할게요.
제 위에 잠깐 서서
반짝이는 물결도 보시고
졸졸졸 흐르는 물소리도 듣고 가세요.

겨울잠

겨울잠 꿈이 달다

잠든 계곡이 달콤한 꿈을 꾼다
좁은 물길은 신나게 달려
높은 벼랑 끝에서는 멋지게 점프하고
넓은 강 많은 친구들과 만나면
어깨동무하고 바다로 향하는 꿈

잠든 나무의 꿈도 달콤하다
봄에는 꽃무늬 화사한 옷 차려입고
여름이면 초록 팔 흔들흔들 춤추며
잠들기 전 가을엔 알록달록 드레스 갈아입고
멋진 저녁 파티 즐기는 꿈

논의 꿈은 감동의 황금물결로 넘실거린다
잠에서 깨어 봇도랑 물 벌컥벌컥 들이켜
애기 모 줄 세워 놓고 옛날 얘기 들려주며
올챙이에겐 겨울 풍경 그려주고
황금빛 벼이삭은 논의 가르침에 겸손하게 고개 숙이는 꿈

겨울잠 꿈이 달다

물 맑은 양평

맑다
맑은 물로 목 축이니
목 또한 맑다

맑다
맑은 풍경 눈에 담으니
눈 또한 맑다

맑다
맑은 공기 몸으로 품으니
몸 또한 맑다

맑다
맑은 터 뒹군 어린 시절로
영혼 또한 맑다

원덕역

너의 뜰 앞에 서면
어느새 내 눈동자 달려가
검둥산 코끼리등짝을
타고 내린다

너의 뜰 앞에 서면
어느새 내 발걸음 이끌려
멀리서 들려오는 노랫가락을
따라나선다

노랫가락 시작되는 곳
검은 돌 쓰다듬는 냇물이
검은 옷 입고 노래하는
흑천이라네

흑천의 노랫가락은
검은 돌과 수풀들에게
윗 동네 이야기 들려주느라
조잘조잘 쉼이 없구나!

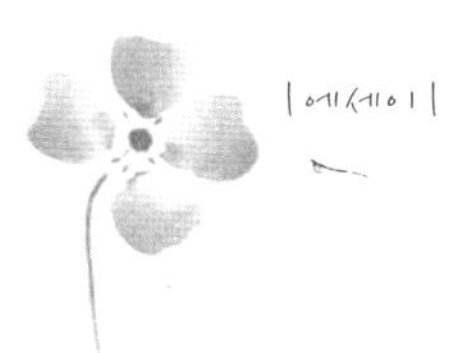

|에세이|

희망의 양식

희망이라는 씨앗이 뿌리 내리고 싹을 틔우는 곳은 어디일까?

그곳은 언제나 고난으로 힘겨운 삶의 어둡고 후미진 곳에서부터 시작된다.

고약하게 냄새나는 썩은 두엄이 빨간 사과의 양식이 되어 새콤달콤한 맛을 만들어내듯이 희망이라는 씨앗 역시 고난의 거름으로 성장해 나간다.

썩어 냄새나는 두엄으로 새콤달콤한 열매를 맺는다.

그렇지만, 그 고난의 웅덩이는 늪이 되어 우리를 흙투성이 만신창이로 쓰러뜨려 일어서기 힘들게 만들기도 한다.

그러하듯 고난이란 이름에는 두 개의 얼굴이 있다.

고난 뒤에 환하게 웃는 얼굴을 보는 사람이 있고, 고난 그 자체에서 근심으로 가득한 슬픈 얼굴만을 보는 사람도 있다.

희망의 씨앗은 고난이란 놈을 거름삼아 뿌리를 내리고 싹을 틔워 가지를 뻗어 나간다.

희망의 나무는 그렇게 우리에게 그늘을 만들어서 뜨거운 햇살을 피할 수 있는 쉼터도 되어 주고, 더불어 새콤달콤한 탐스러운 열매도 선물해 줄 준비를 하고 있다.

지금 우리를 감싸고 있는 고난의 냄새나는 두엄 더미를 보라.

그 고약한 두엄이 우리 가슴 속 희망의 씨앗에 기운을 담아 주는 훌륭한 거름으로 만드는 것은 우리들 자신의 몫이다. 그러나 고난을 진흙탕으로 생각하고 빠져나오지 못하면 그 웅덩이 속에서 흙투성이 만신창이가 되어가는 것도 우리들 자신의 몫인 것이다.

당신은 고난에게서 어떤 얼굴을 볼 것인가?

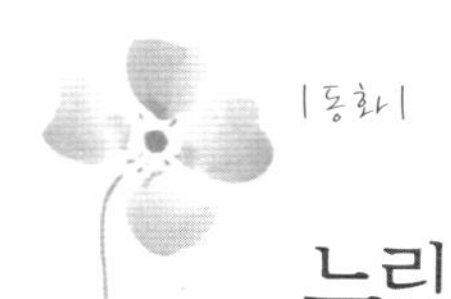

| 동화 |

느림보 산

옛날 옛날에 아주 먼 옛날에 산마루가 구름 속으로 숨은 신령스러운 산이 있었다.

그 산마루에는 하얀 수염을 길게 기른 신령같은 노인이 살고 있었는데 그 괴짜 노인이 산 아랫마을에 사는 거북과 토끼를 내일 아침까지 산 위로 올라오라고 했다.

토끼는 아침 일찍 일어나 산으로 뛰었다.

'거북이 녀석 언제 오려나.' 생각하며 뛰었다.

그런데 산마루 괴짜 노인의 마당에 도착했을 때 거북이 녀석이 마당을 산책하고 있는 것이 아닌가!

그 광경에 놀란 토끼가 거북이에게 다가가 귀에 대고 묻는다.

"야, 어떻게 된 거야?"

그러자 거북이는

"어제 저녁부터 그냥 걸었어. 거북이는 비록 느리지만 언제나 늦는 법이 없거든!"

어제 저녁 해가 어스름이 지기 시작할 때부터 거북이는 산에 오르기 시작했던 것이었다.

늦게 올라와 투덜대며 토끼는 거북이와 함께 하얀 수염의 노인 앞으로 갔다.

그러자 노인은 보자기에 싸인 물건을 하나씩 거북이와 토끼에게 나누어 주며 말했다.

"보자기를 풀어 보거라."
거북이와 토끼는 보자기를 풀었다.
그러자 그 안에는 한 개의 화분과 다섯 개의 콩이 들어 있었다.
그 모습을 보고 있던 노인이 말했다.
"너희들에게 한 개의 화분과 다섯 개의 콩을 주겠다. 가져가서 잘 키워 보거라."
"네에~"
그러고는 노인이 한 마디 더 한다.
"그리고 그 화분에서 수확되는 콩의 수에 따라 너희들의 수명이 결정 될 것이니 소홀함 없이 잘 키워 수확해 오너라."
그 말을 들은 거북이와 토끼는 각자의 집을 향해 산을 내려갔다.

서둘러 산을 내려와 집에 도착한 토끼는 다섯 개의 콩을 한 화분에 모두 심고 물을 흠뻑 주었다.
그런데 거북이는 이런저런 생각을 하며 느린 걸음으로 산을 내려와 집에 도착했다.
집에 도착한 거북이는 다섯 개의 콩을 살펴보더니 한 개의 콩만을 골라 화분에 심고 물을 주었다.
그렇게 며칠이 지났다.
토끼의 화분에는 다섯 개의 콩이 싹을 틔웠고, 거북이의 화분도 한 개의 콩이 싹을 틔웠다.
토끼는 신이 났다.
'다섯 개의 싹을 키워 콩을 수확하면 난 오백 살 까지도 살

수 있을 거야! 야호~'

신이 난 토끼는 거북이가 궁금했다.

그래서 거북이의 집을 찾아 갔다.

거북이의 집에 도착해 보니 마당의 화분에 한 개의 싹을 틔운 화분이 있는 것이 아닌가!

그 화분을 보고 토끼는 의기양양하게 거북이를 불러 말했다.

"거북아, 난 다섯 개의 싹이 텄는데 이 화분에는 왜 싹이 한 개 뿐이야, 나머지는 쭉정이였어?"

그러자 거북이는

"쭉정이 아니었으니까 신경 쓰지 마. 난 내 스타일로 키울 테니까!"

그러자 토끼는

"바보야, 너 오래 살기 싫냐? 쯧~쯧~쯧~!"

혀를 차며 거북이의 집을 나와 깡총깡총 뛰어 자기 집으로 갔다.

여름이 가고 가을이 왔다.

노인은 거북이와 토끼에게 콩을 수확했으면 가지고 올라오라고 했다.

토끼는 다섯 개의 콩알을 자루에 담아 노인 앞에 의기양양하게 다가가 쏟아 놓았다.

'오늘은 거북이 녀석이 좀 늦네!'

토끼는 아직 도착하지 않은 거북이를 생각하며

'거북이 녀석은 겨우 콩 한 개 만을 수확했을 거야! 그래서 걱정이 되어 이렇게 늦장을 부리고 있는 거야! 킥~ 킥~ 킥~' 토끼는 속으로 웃었다.
잠시 후 거북이는 땀을 뻘뻘 흘리며 자루를 등에 메고 올라왔다.
거북이는 노인 앞에 다가가 그 자루를 풀어 콩을 바닥에 쏟아 부었다.
그러자 그 주머니에서 콩알이 우르르 쏟아지는 것이 아닌가.
그 주머니에서 쏟아져 나온 콩알의 수는 스물아홉 개나 되었다.
그것을 본 토끼는
"야! 거북이 너 어떻게 된 거야? 이 콩 사 왔지?"하며 거북이를 쏘아 보았다.
그러자 노인은 토끼를 조용히 시키며 거북이에게 물었다.
"거북이 너는 어찌 이렇게 많은 콩을 가져올 수 있었느냐?"
그러자 거북이가 말했다.
"전 다섯 개의 콩 중에서 제일 작은 콩 한 알을 골라 심고 사랑하는 마음으로 정성껏 돌보아 주었더니 콩이 자라서 스물다섯 개나 되는 콩을 저에게 선물해 주었어요. 그리고 심지 않은 콩 네 개를 더하니까 스물아홉 개나 되더라고요."
그러자 산신령은
"그래, 그런데 왜 작은 콩을 골라 심게 되었느냐?"
그러자 거북은
"제일 작은 콩은 자신이 허약하여 더 많은 자손을 남겨야 한다고 생각할 것 같아서 그 녀석을 심었죠. 그리고 사랑과 정성으로 잘 돌보아 주면 분명히 많은 열매를 맺을 것이라고 생각되어서 작은 콩을 선택해 심었습니다."

그 얘길 듣던 토끼가

"아니에요, 아니에요, 거북이는 오래 살려고 몰래 콩을 사온 것이 분명해요. 저는 다섯 그루의 콩에서 다섯개 밖에 수확하지 못했는데 어떻게 한 그루에서 이렇게 많은 콩을 수확 할 수 있어요."

그러자 산신령은

"토끼야, 내 말을 잘 들어 보아라. 내가 지난 봄 너희들에게 콩을 나누어 주면서 화분을 하나씩 주지 않았느냐?"

그러자 토끼는

"네, 그러셨죠."

"그래 그때 내가 너희에게 주었던 화분은 콩 한 그루를 튼튼히 키울 수 있을 정도 크기의 화분이었단다. 그런데 토끼 너는 그 작은 화분에 콩을 많이 수확하여 오래 살 욕심으로 다섯 개의 콩을 다 심은 반면, 거북이는 그 화분의 크기를 알고 한 개의 콩을 심어 그 콩 한 그루를 튼튼히 키워 이렇게 많은 콩을 수확할 수 있었던 것이란다."

그 말을 들은 토끼는 고개를 숙였다.

그러자 노인은 토끼에게

"그렇듯이 자신의 그릇을 모르고 마음속에 욕심만을 품는다면 더 많이 수확할 수 없을 뿐더러 주어진 것마저 잃을 수가 있는 것이란다."

노인의 그 말을 들은 토끼는 다리에 힘이 빠져 걸을 수가 없었다.

그래서 거북이는 토끼를 자신의 등에 태워 산을 내려간다.
토끼는 느릿느릿 걸어가는 거북이의 등에서 잠들었다.
얼마 후 잠에서 깬 토끼가 느리게 걷는 거북이의 등에 앉아서 주변을 보았다.
그런데 수없이 지나다니던 그 길에서 보지 못했던 풀과 꽃들이 보이는 것이 아닌가!
빨리빨리 뛰어다니느라 볼 수 없었던 아름다운 꽃들이 느리게 걷는 거북이의 등에 앉아 있으니 보이는 것이었다.
'느리다는 것이 부족하다는 것이 아니었구나!'
'느리다는 것은 어쩌면 넉넉함일 수도 있겠구나!'
토끼는 느린 거북이의 등에서 그동안 볼 수 없었던 세상을 보며 생각했다.
토끼가 깨어난 것을 안 거북이 토끼에게 한마디 한다.
"만약 수명이라는 것이 우리가 걸어다닌 이동거리라고 한다면 토끼 너는 나보다 더 오래 사는 것과 마찬가지가 아닐까?"
그 말을 들은 토끼는 거북 등에서 뛰어 내리더니
"너보다 더 오래 살려면 난 뛰어야겠어."
그러며 숲속으로 뛰어간다.
토끼는 뛰다가 뒤돌아서 거북이를 보고
"그런데 난 아직도 거북이 네 이름을 모르고 있었네! 너 이름이 뭐니?"
그러자 거북이 토끼에게 소리친다.
"응, 내 이름은 산이야, 친구들이 '느림보 산'이라고 불러!"

"그래, 느림보 산아, 다음에 또 보자."
그리고 토끼는 거북이가 이름도 물어보기 전에 숲속으로 사라져 갔다.
사라져 간 토끼의 모습을 생각하며 느림보 산이는 그 부드러운 털의 감촉을 더 느끼지 못함을 아쉬워하며 다시 걷는다.
느리게~ 느리게~

거북

거북은
느린 것이 아니다
단지, 급하지 않을 뿐!

거북은
무거운 짐 지고도
멸종의 그물을 피할 수 있었다
부지런했기에

거북은
느리지만
언제나 늦지 않는다

| 응원의 글 |

산이 품은 솔향기~ 최고~! 누구보다도 멋진 시인이 될 거라고 믿고 늘 응원한다.
(우리 친구 감자시인) 아~ 뿌듯해~^^

- 중학교 동창 윤해승 -

겸손한 시인님!
시집 첫 출간 날을 기대하며 ♣축하드립니다♣
늘 겸손함의 자세로 함께 느끼는 마음자리로 정겨운 글벗 만나게 됨을 기쁨이라 생각하며 좋은 시로 만나게 될 것을 기대합니다.
"축하"드립니다.

- 은비녀 김려원님 -

시인님~ 응원합니다!
"산이 품은 솔향기"이 멋진 시집에 제 이름이 실린다니 영광입니다.

- 김보연님 -

.~^^♥
항상 멋진 글로 감동시킬 수 있는 시인이 되시길 간절히 바랍니다.~^^
화이팅!

- 이상헌님 -

그댄 늘 솔향기 가득한 소나무야~ 그래서 늘 포근한 솔향기에 빠질 수밖에~
응원합니다. 깊은 솔향기에 모든 이들이 푹 빠질 수 있게 포근한 글~ 좋은 글 많이많이 접하게 해달라고 ~

- 여우비-맑음, 문대희 -

시인님! 기쁨이 사라질쯤 적절한 순간에 짠 나타나시어 지친 심신의 치유의 영광을 누립니다. 만족합니다.^^

- 최미연님 -

우울한 기분을 따스하게 감싸 안아주는 글.

- 서유림님 -

산이 품은 솔향기 멋있습니다. 의미도 깊고요. 반전 있는 좋은 시 많이 쓰셔서 문운 창대하십시오. 기대하겠습니다.

– 초연 김향아님 –

감자시인 선생님의 시는 항상 사랑이 담겨 있는 시입니다.

읽는 독자들 가슴에 사랑을 담아주시는 ^^ 시

– 안병호님 –

책 제목이 아들 딸 이름이니 자녀들에게 세상을 살아가는 이정표를 잘 말해주셨습니다.^^

– 약초선비 송기남님 –

산이와 솔이는 이 세상에서 제일 좋은 아버지에게서 태어난 사람입니다.

남매를 하늘만큼 땅만큼 사랑하기에 시집 제목을 ♡산이 품은 솔향기♡라 했겠는가!

이 가정의 솔향이 지구촌에 퍼져 나갈 것이다.

– 현창 성노연님 –

자식 사랑이 흠씬 젖어 계곡물 사이로 흘러내리는 소리가 여기까지 들이네요.
산이와 솔이는 재목이 될 것 같아요. 향기를 품고 계시는 아빠가 계시잖아요.

- 흙사모님 -

다정다감한 감자시인께서 글을 다이어트하면 시라 하셨지요? 그 말이 가슴에 확 꽂혔답니다. 짧은 글 안에 많은 의미를 담아 읽는 이들에게 행복을 선물하는 첫 시집 저는 고이 간직하렵니다.~~♥
축하드리고 앞으로도 계속해서 출간하는 시집 대성공하시길 기원합니다. ♪♬♪♩

- 손정현님 -

시인님 진실로 응원합니다.
늘~ 좋은 시로 좋은 글로 감동을 주셔서 감사합니다.
시집 출간 축하드립니다. 좋은 일도 많이 있길 바랍니다.

- 명림당 조희옥님 -

감자시인님의 글 읽다 보면 솔향기처럼 들풀의 향기처럼 향토색 짙은 내음이 풍겨 나옵니다. 짧은 인연이었지만 참 좋은 시인 벗님 만나서 감사드리게 됩니다.

– 김양원님 –

훗날! 산이와 솔이는 아버지의 이 소중한 선물을 사랑으로 기억하며 아버지의 그 마음을 닮아 향기로 오래 오래 남기겠지요.
시집 출간 축하드립니다.

– 하늬바람님 –

시집출간을 진심으로 축하드립니다.
시들을 접할 때마다 잠깐씩의 명상이 되는 시간을 주셔서 감사합니다.
감자꽃이 활짝 필 때쯤이면 시인님의 주옥같은 시집을 만나볼 수 있겠죠?
기대하겠습니다.

– 민주농원님 –

기만아! 시집 발간 축하한다. 너의 시가 세상의 가뭄을 촉촉이 적시는 단비가 되길 기대한다. 출판기념회도 꼭 하시길…

-서영준님 -

산이 품은 솔향기의 뜻을 이제야 느끼며 시인님이 품어 오신 시향과 삶의 여정에 찬사를 보냅니다.
항상 겸손과 포용력으로 시를 쓰시는 마음에 저의 마음은 항상 동행합니다.
늘 건필하시고 많은 사람의 가슴에 오래도록 기억되는 시인이 되시길…

- 송치복님 -

밝고 긍정적인 시인님 고백에서 위로를 얻고 희망을 봅니다.
감자시인님!! 힘내고 화이띵…~~♥

-임서현님 -

산이… 솔이… 아이들 이름이 예뻐요.
시집 출간 축하드려요. 많은 분에게 가슴 따뜻한~ 감동이 선물이 되길요.^^
파이팅입니다~~~!!!

- yellowribbon님 -

샘이 바로 산이요, 솔향기였습니다.
삶이 산이었고 삶속에 샘의 글속에 솔향기가 납니다.
살다가 지쳐서 문득 기대어 쉬고 싶을 때 샘은 고향하늘 아래 어디쯤에서 자리하고 지친 이들에게 손짓하는 솔향기 나는 바람입니다.

- 뿌리깊은 나무님 -

잘 쓴 한 편의 시는 책 한 권보다도 위대합니다.
달콤한 언어유희가 아니라 너무나 위험해서 두고두고 기억나는 시를 만들어 주세요.

- 문화가족 협동조합 고국장님 -

자연이 주는 이름 안에서 산에 소나무를 가슴에 품은 부모님의 사랑의 향기가 있음을 느낄 수가 있네요.
첫 시집 출간 축하드리며 싸인 받아서 한 권 구매해야겠네요.

- 문화가족 협동조합 박은의님 -

친구를 알게 된 건 얼마 되지 않았지만 첫인상부터 그 선한 양 같은 눈빛은 꽤 괜찮은 친구를 알게 되었구나 하는 생각을 들게 했지!
시인이라고 했을 때 아! 그래 이 친구는 시와 꽤나 어울리는 눈빛을 가졌구나.
친구의 시나 글을 보면 내가 사람들과 부대끼며 손해 본다고 생각한 부분들을 보듬어 주는 글이라서 좋다.
살아가면서 나만 상처받는 일들이라고 느꼈던 것을 나만이 아닐 수도 있구나! 이런 생각을 해보게 해주는 글을 쓰는 친구! 삶을 다독이는 글을 쓰는 친구! 너의 눈빛을 보면 마냥 삶에 대해 긍정적인 측면에서 바라보게끔 해 줄 것 같은 시인 친구.
삶이 팍팍해도 너 같은 시인이 많으면 삶이 조금은 덜 팍팍해지지 않을까!

멋진 시 많이 부탁한다. 친구. 특히 감자란 말 맘에 든다.~ㅋ
감자는 많은 사람을 배 불린 음식이었던 만큼 너에 시도 많은 사람이 알게 되고 읽게 되고 외우게 되길 기원해 본다.
친구야~ 시집 흥해라~

– 절친 차은희 –

중학교 동창!
오랜 기억 속에 동창으로만 희미하게 자리 잡고 있던 친구가 어느 날 갑자기 아름다운 시와 글 보따리를 들고 성큼 다가와 메마른 내 가슴의 뜰 위에 펼쳐주었다.

친구의 시는 먼지 날리던 내 뜰에 야생화처럼 피어나 상처와 아픔을 보듬으며 지난 추억들을 되새김할 수 있는 행복의 에너지가 되었다.
감자시인의 시는 배움, 깨달음, 행복, 희망의 노래로 삶의 철학적 메시지를 읽는 이로 하여금 성찰할 수 있게 도와주고, 그러면서도 누구나 쉽게 공감할 수 있는 사실들을 자기만의 언어로 아름답게 표현하여 우리에게 놀라움을 선물한다.
이 시인을 통해 많은 사람이 삶의 통증을 덜 수 있고 꿈과 희망의 노래에 어둡고 힘겨운 세상을 좀 더 밝고 긍정적인 눈으로 바라보며 행복을 찾아가는데 도움이 되었으면 하는 바람이다.
마지막으로 작은 씨앗들이 아름답게 싹 틔워 숲을 이루기를 간절히 바라며 기도한다.
늘 성실히 도전하는 삶을 살아가는 자랑스러운 친구 감자시인을 맘껏 응원하며 축복합니다.

– 중학교 동창 배현실 –